Change & Transform

想 改 變 世 界 · 先 改 變 自 己

Change & Transform

想 改 變 世 界 · 先 改 變 自 己

Grow Rich!
With Peace of Mind

心靜致富

吸引財富最強大的力量，從困境到夢想成真的祕

造就全球最多富翁的成功學之父
拿破崙・希爾 著　**戴至中** 譯
Napoleon Hill

各界推薦

現今社會變化太快，競爭也越來越激烈，許多人一生汲汲營營地追求名利，驟然發現生命缺乏目標、內心無法找到平靜。《心靜致富》這本書儘管已經出版超過四十年，然而人們所面臨的各種恐懼、困頓，似乎更甚以往。作者從分享無數成功人士如何克服人生障礙與他人批評的故事，引領讀者找出自我激勵之道。我認為人生唯有抱持正面態度，持續學習的謙卑修為，養成鍛鍊健康的習慣，在身心靈的平衡中，才能尋得內心的平靜，也才能從中創造出更多的財富與幸福。

童至祥，特力集團執行長

我常說：「人從哪裡開始並不重要，重要的是，您要往哪裡去。」美國成功學之父拿破崙．希爾這本《心靜致富》，幫助追求內心平靜，且專注前往心底真正方向的您，做出了最佳詮釋，並找回內心的潛在力量。

更神奇的是，本書出版時，正是我出生的年代，四十五年後證實，作者當年八十四歲高齡寫下的十六章致富之道，至今仍是亙古不變，從困境到夢想成真的無敵秘徑。

本書獻給正站在人生十字路口，日日追尋財富成就與心靈平衡的富足人生，卻仍苦思捷徑的您。

謝文憲，兩岸知名企管講師、商周專欄作家、環宇廣播節目主持人

想要內外在都「富足」，此書是最佳的心法。

此作者以提倡「良好的思考即能致富」而聞名。然而作者在晚年時更提出除了正向思考外，還要兼顧內在靜心的品質，如此更能振動宇宙無形界的豐富資源，激發出驚人的創造靈感，引領財富的累積。

如同我常在課堂上所傳達的，先擘固好幸福頻率的能量狀態，財富的能量或靈感便會隨之而來，成就內外在的豐盛經驗。若善用此書，真正的富足必將隨之而來。

安一心，華人網路心靈電台共同創辦人

序

拿破崙·希爾年輕時，跟時下大部分的年輕人並沒有兩樣。在早期的生涯中，他把成功和金錢畫上了等號。他想要位居要津，也想炫富。現今的人多半是從金錢的角度來看待《思考致富》(*Think and Grow Rich*)這本暢銷經典，但希爾先生對人生和致富的觀點卻隨著他的成熟而有所轉變。

希爾先生曾在一篇文章裡談到，在早期生涯中，當他賺進大把鈔票時，他認為自己開的車等級一定不能低於勞斯萊斯。他在紐約購置了大批房產，並有佣人和形形色色的員工可供使喚。這番揮霍無度使他在一九二九年大蕭條之後，相繼敗光了名下所有動產和不動產。

《心靜致富》這本書在一九六七年出版時，當時希爾先生已經是八十四歲高齡。在他的言談之間可以聽出他的轉變。他更加成熟也更有智慧，而且想要闡釋內心平靜的重要性。

希爾先生在《心靜致富》裡談到，希望能幫助讀者避開他所犯下的錯誤。各位在讀這本書時，或許可以從希爾先生的人生中學習到，要真正擁有內心的平靜，除了金錢和物質，還需要更多其他的東西。各位會看到，要向過往學習，要培養正面的心態，要讓生活免於各種恐懼，同時也學會和他人共享財富的重要性。

拿破崙．希爾一生研究、訪察並歸納整理了成功的構成要件，他的一生也過得多采多姿。這本終極之作總結了他對於心靜帶來富足生活的所有智慧。

唐恩．葛林（Don M. Green）

（本文作者為拿破崙．希爾基金會執行董事）

CONTENTS 目錄

01

認識自己的內心，活出自己的人生 ……… 1

02

關上過往之門 ……… 28

03

04

12

前言

在十九世紀倒數那幾年，我就開始規劃這本書了。因此，這本書籌備了有近七十年之久。這些年來，我目睹了世上的重大變革比過往文明史上加總起來還要多；我看到了汽車、飛機、收音機、電視、原子能、太空時代的降臨；我看到了電力遍布全國，工業起飛到使生產水準超越了十九世紀的夢想，科學和技術也出現了近乎爆炸性的發展。

我看到了舊國家消失，新國家興起，叢林被馬路取代，曾經波瀾不興的村落紛紛變身為繁華城市。我還看到世人設法去適應這一切的變化，並發揮人的本能，就跟幾千年來的做法一樣。

各位會發現，本書深知世界不斷在變。不過在講到人的時候，我講的重點是從過去到未來一直在推動人的那股力量。我們依舊看到，要是沒有足夠的金錢，人生就會因拮据而受限，所以我們都想要成功致富、想賺到錢。除了金錢上的成功外，我們還想要免於恐懼、緊張的壓力、自找的疾病、憂慮和不幸。這表示除了金錢上的成功，我們還想要尋求內心的平靜讓人生更臻至富足圓滿。本書一方面能幫助各位獲致財富，一方面也能幫助各位的內心找到深深的平靜。

各位會看到，當我們談到內心的平靜時，我們所說的平靜不只是一種寧靜的狀態。**內心的平靜兼具了寧靜與活力，或者不妨說是在寧靜的基礎上才得以展現人生的活力。**內心平靜就是所謂少了就不能算是真正富足的財富。內心平靜的好處會展現在許多方面：

- ❑ 免於會困擾內心的負面力量和負面態度，好比說憂慮和自卑。
- ❑ 免於任何匱乏之感。
- ❑ 免於會長時期虛耗生命、自找的心病與生理病症。
- ❑ 免於一切的恐懼，尤其是七種讓我們暴露各種醜惡面的基本恐懼。
- ❑ 免於沒來由地索求無度。
- ❑ 擁有工作與成就的喜悅。
- ❑ 習慣忠於自我並獨立思考。
- ❑ 習慣檢視自身對於人生及他人的態度，並隨時把這些態度修正得更好。
- ❑ 習慣幫助他人自助。

❑免於對死後會如何感到焦慮。
❑習慣在所有的人際關係上都多下一分工夫。
❑習慣從希望「能做到什麼」的角度來思考，而不是想到過程「可能會遇到什麼阻礙」。
❑習慣對可能遭遇的小災小禍一笑置之。
❑習慣在想要獲得之前先付出。

內心的平靜所涵蓋的範圍大得出奇，對吧？把它運用在各個方面，就能幫助你成功致富，然後將成功擴及到其他層面。內心平靜有助於你依照自己的條件和所選擇的價值觀來生活，並且會讓你每天的生活變得更加富足與美好。

寫下本書的我靠著嘗試錯誤，千辛萬苦才找到了內心的平靜。寫這本書的目的是要幫助其他人以較短與付出代價較小的路徑來找到心靜，並能致富。假如有些情節看起來比較是很個人的遭遇，請記得，所謂經驗都是由每個人生活中看似微不足道的事件所組成。

從我個人的經驗中，各位或許會看到自己經驗的影子。留意人生中的微小經驗是如何同時潛藏著成功與失敗。那是一個試驗場，讓你有機會證明，**「你」才是自己命運的**

主宰，「你」才是自己靈魂的統帥。

我明白，假如醫生在追求自己所宣稱的療效時，卻不服用自己所開的藥，那就沒有人會想把藥給吞下肚。這裡所給的「藥」都是經過我自己和其他成千上萬人驗證具有神效的「藥」。

拜命運所賜，美國有五百多位最成功的人士曾助我一臂之力。這些人允許我探究他們的私生活，並自由觀察他們在工作與生活上展現的優缺點；他們的成敗；他們用起錢來有多麼開心或不開心；這跟他們是否擁有內心平靜有多大的關聯性。

我透過這些訪談與研究所建構的「個人成功學」(Science of Personal Achievement)幫助過成千上萬個人趕走貧窮、破除幼時貧困的影響力、化解無數難題，並從很不利的環境中開始奮起。

我要說的是，我自己就是在擺脫五種罪惡的遺毒後許多年，才做到了上述這件事。各位或許知道這五種罪惡的其中一些或皆很熟悉：

貧窮　無知　漠視　絕望　恐懼

我在年幼的時候經常三餐不繼。有一次還把樺樹皮扒下來裹腹。在十幾歲之前，我老是餓著肚子。

我後來還是會感到飢餓！但並不是想得到物質上的食糧，而是心靈上的食糧，一種能滿足飢渴心靈的食糧。我渴望更了解為什麼有的人會成功，有的人會失敗；為什麼有的人內心平靜，有的人內心充滿衝突。但我已把幼時的飢餓陰影遠遠拋到了腦後。

後來全世界最富有的人之一，美國鋼鐵大王安德魯·卡內基 (Andrew Carnegie) 資助了我進行一個計畫，要我找出金錢與人生成功的祕密。我當過三位美國總統的顧問，包括塔虎脫 (William Howard Taft)、威爾遜 (Woodrow Wilson) 和羅斯福 (Franklin D. Roosevelt)。菲律賓第一任總統在為人民爭取自由時，我也曾助他一臂之力。

有一段時間，我拚了命追求名聲。對它垂涎三尺，為了它向天禱告，為了得到它而不眠不休地工作。終於，一袋又一袋的信件從世界各地雪片般飛來，數量多到我根本來不及看，更不用說是回信了。不計其數的單位來找我合作，企業提供我各式各樣的信貸，有很多人則出錢請我替他們的商品代言背書。

現在我的口味不同了。等到我發現，假如我想要有覺可睡，我就不能把電話登記在自己的名下，這時我才開始珍惜起內心的平靜。

不過，我在追求名聲之際，從未停止過寫作。我努力用一本接一本的書來告訴世界，我在成功、正面心態的價值和人際關係上學到了什麼。以下就是我的著作，包括：

《成功定律》(*The Law of Success*)（八冊）、《思考致富》(*Think and Grow Rich*)、《拿破崙．希爾的自我行銷學》(*How to Sell Your Way Through Life*)、《富裕之鑰》(*The Master-Key to Riches*)、《如何獲得高薪》(*How to Raise Your Own Salary*)、《智力爆炸》(*Mental Dynamite*)（十六冊）、《個人成功學》(*Science of Personal Achievement*)，及在遍及全美和其他許多國家中以課程與家教形式所教授的十七堂課。

走過的歲月幫助了我判斷這些書的價值，以及衡量出其對讀者的影響。這些書幫助數百萬、或許是數億人建造了幸福而成功的人生。從頭到尾，我都很有興趣去了解，在這許多項忠告裡，到最後最有用以及最多人在應用的是哪些。我仔細檢視了是讀了哪些和哪幾種軼事成了努力向上的轉捩點，使人找到了自我並在人生中邁步向前。

本書有許多篇章都是經過時間淬鍊、精選出來的內容。透過閱讀這些篇章，各位就會了解到其內涵在掌握內心並建立起內心的力量幫助很大，然後堅持要止於至善，並將達成的方法給找出來。

各位也會發現，書中有很多你前所未聞的內容。世界在變，變的不是原則，而是某些能為有心人帶來不同機會的法門。過去二十年來，美國所出現的賺錢機會比過往歷史中曾經存在的加總起來還要多，而且仍不斷在頻頻湧現。各位在看過這本書後，將更能看出這些機會。

各位假如看過我之前的作品，會發現這本有個截然不同的新目標，並強調了單靠金錢所買不到的價值。我的所有著作中都曾表明，人生不是只有賺錢而已。然而跟數年前我所能證明這個立論的程度比起來，本書對於這點的證明要充分得多。書中也說明了，內心的平靜本身就是一股能幫助你致富的強大力量。

我說過，本書規劃了將近七十年。這點千真萬確，但我是直到最近才得此體悟。我相信，我們全都是受到無形的靈感來源所指引，而最近我產生的靈感則是出自一個不尋常卻非常真實的來源。它揭示了我所經歷的人生有多大一部分是為了準備撰寫這些篇章，並敦促我找出打字機把這些內容給寫下來。

向各位進言的我已年過八十。人生依舊完滿而熱誠。擁有的肯定夠多了，但對成就的悸動也沒有因此而稍褪。這本書是成就的第一步；最棒的成就則來自於，知道這本書會為閱讀和思考它的人帶來財富與幸福。

跟以前我所能做到的比起來，現在我有辦法寫得更加清楚與成熟。與我攜手一起來展開美妙的旅程……通往財富的旅程……實現最渴望的夢想的旅程……通往至高祕訣並掌握自身生命的旅程。

拿破崙・希爾

一九六七年

01

認識自己的內心，活出自己的人生

你有很大的成功潛力，但必須先認識自己的內心，並活出自己的人生。然後就會找到那股強大的潛力，並悠游其中。認清了內在的自我，你就能在自己希望的期限內心想事成。本書中有許多特別的技巧可幫助你實現最大的夢想，而且都是很容易的技巧。

每個成功的人都是在人生道路的某一點上體悟到：要怎麼樣才能如願活出自己的人生。

你在愈年輕的時候認識這股強大的力量，就愈容易得到成功與幸福。但即使到了晚年，也有很多人在此時轉變很多，從讓別人牽著鼻子走，變成一定要照自己的心意來生活。

造物主給了人掌握自己內心的特權。目的鐵定是要鼓勵人活出自己的人生，思索自己的想法，找到並達成自己的目標。只要運用這個偉大的特權，你就能為人生畫上繽紛的色彩，並從中體認到，最大的財富就是內心的平靜，少了它就不會有真正

的幸福可言。

你所居住的世界充滿了會對你造成衝擊的外在影響。他人的行為和願望、法律和習俗會影響到你，義務和責任也會影響到你。你的所作所為都會對別人產生一些影響，就跟他們的行為會影響到你一樣。但你必須認清，要怎麼才能活出自己的人生，運用內心的力量，堅定地邁向希望實現的夢想。古希臘哲人說要「**認識自己**」，對想要在各方面達到富足境界的人來說，這點依舊是很關鍵的忠告。沒有認識自己、做自己，就無法運用到那個重大的祕訣來獲得打造未來的力量，無法讓人生把你帶往想要走的道路上。

接著就讓我們啟程前往快樂之境吧！

別以為我會當你的後座駕駛。相反地，握方向盤的人是你，我只會要你把可靠的路線圖看清楚，因為主要的道路無疑就標示在上頭。在邁向富有和內心平靜的旅途上，愈前進，道路會愈發平坦與筆直。

千萬別認定自己不夠格

或許你正就著燈光閱讀。你知道第一道真正的燈光是由愛迪生帶來世上的，但你知不知道，愛迪生剛上小學時曾被退學，因為老師斷定他心智「愚鈍」沒辦法上學？

這就是別人的意見帶給愛迪生的衝擊：權威人士發言告訴他，他連接受初等教育都不夠格！假如他讓這道評語主宰了他自己的想法，他的下場會是如何？

對他及全世界都值得稱幸的是，愛迪生決定活出自己的人生。從早年的受挫中，愛迪生發現了從正規教育中可能永遠也學不到的東西。首先他學到的是，他所擁有的心靈可以由自己掌控，並導向任何他所期望的目標。接著他學到的是，利用他人的技術與訓練，就能順利從事科學研究，儘管他自己從未修過任何一門科學課程。當他完全掌控了那個「愚鈍」的心智，所造就的不僅是白熾燈，還有一樣接一樣的曠世發明。

男孩找到了朋友與自我

我的人生也差點被別人隨意貼上的錯誤標籤所耽誤。在我九歲那年，家母在一年前過世，我搬去和親戚同住。在他們和我父親眼裡，我是個問題兒童，根本沒人看好我，他們認為我能夠成就的只會是犯罪生涯。

我想盡辦法要不負身為傑西．詹姆士 (Jesse James)[1] 接班人的名聲。我甚至有一把六發式左輪手槍，並學會了把槍耍得很熟練。但後來出現了一位女士，她改寫了我的一生。那位女士就是我的繼母。

早在她進門之前，我就已被親戚們徹底洗了腦，因而非常討厭她。我發現要做到這點可說是非常輕而易舉。她人到了以後，家父把她帶進屋來，親戚都聚在一起準備要見她。父親把她介紹給大家。最後她看見了我。我站在角落，努力要擺出一副臭臉。

家父說：「這就是你的繼子拿破崙，他絕對是懷斯郡 (Wise County) 裡最壞的孩子。我們對他沒多大期待。假如他明天一早就開始朝你丟石頭，我也不會意外。」

就是那一刻，我相信自己的人生來到了轉捩點。

這位睿智的奇女子用手托住我固執的下巴，把我的頭抬起來，好讓她可以直視我的眼睛。她只說了幾個字，但卻把我提升到了全新的境界。

1 十九世紀美國傳奇大盜，慣使雙槍，曾策劃多起大規模的銀行及火車搶案。

繼母轉頭對家父說：「你對這個孩子的看法錯了。他並不是懷斯郡或任何地方最壞的孩子。他是個非常機敏又聰明的孩子，唯一需要的就是用有價值的目標來引導他非常良善的心。」

在我的人生裡，那是第一次有人說我的好話。我打直身子，挺起胸膛，露出了笑容。當下我便意識到，親戚口中所說來接替家母位置的「那個女人」，恰好就是少數能幫助他人找到內在最大優點的人之一。

我的六發式左輪手槍生涯就此結束。隨著年紀增長，我逐漸找到了自我。我發現自己有寫作的天賦。繼母教我學會了打字，我則在打字機的輔助下當上了報社記者。靠著這項資歷，我才有資格去訪問成功人士，後來才有機會成為安德魯·卡內基的座上賓。透過那次訪問，並耗費了幾乎三天三夜的時間，我下定決心要研究出獲致成功的祕訣，而且不光是以文字呈現，還要從賺進巨富者的人生中歸納出明確的行為模式。「個人成功學」的組織便是由此衍生而來，它在世界各地獲得了迴響，並為成千上百萬的男男女女帶來了富裕與內心的平靜。

偉大的藝術家須活出自我，否則無法成就偉大

舒曼韓克夫人 (Madame Schumann-Heink)[2] 是史上極偉大的歌劇明星，她小時候曾去找音樂老師試音。老師聽了幾分鐘便粗率說道：「可以停了！回去踩妳的縫紉機吧。妳或許能成為一流的裁縫師，當歌手就別想了！」

記住，這可是權威人士所說的話。這個女孩要是當下決定再也不唱歌，那也是情有可原。但她能主宰並掌握自己的內心。從此更加痛下決心要學會唱歌，還要把歌唱到最好。後來她做到了，世界也因此變得更豐富。然而有很多其他的反例是，假如擁有這種天賦的人自己不自知，又有「專家」摻和進來說天分並不存在，那個人的偉大天賦可能就不見天日了。

磨難是補藥而非絆腳石，每個磨難都埋藏著同等或更大福氣的種子

鮮少有人能不經歷一時失敗和充滿沮喪的階段，就直接邁入成功。可是只要你

2 奧地利裔美籍歌劇家，以嗓音優美、音域寬廣著稱，扮演過近一百五十個角色。

能掌握內在的自我，就不會有所謂一蹶不振這種事。你或許會被打倒，但馬上就能反擊；你或許會繞到崎嶇的道路上，但總是能找到方式回到平坦的大道上。

你或許會認為，這只適用於簡單的小事。那不妨想想，為殖民地爭取獨立的情況可說是無比複雜。不僅如此，還要有本事把多方的零散勢力匯集起來，才能確保你成為某國的首任總統。

一九一〇年時，我成了曼紐．奎松（Manuel L. Quezon）[3]的私人顧問。我不僅是在政治上輔佐他，更重要的是，我還把當時相當新穎的「個人成功學」教給了他。

菲律賓群島獲得獨立後，奎松先生是首任總統。但在一九一〇年的當時來說，那一刻還在遙遠的未來。讓人民獲得自由的目標一直縈繞在奎松的心頭，而他也認為自己會是新國家的首任總統。我向他保證，這兩個抱負都能實現。但我們也知道，這麼重大的事無法一蹴可幾。

訂立明確的目標有種不可否認的力量。不過，在務實訂出達到這個目標的期限上，能善用這種力量的人卻少之又少。在輔佐了奎松先生幾年後，我勸他為菲律賓獨立和成為新國家的領袖訂出明確的期限。我還準備了一份證言，讓他每天對自己覆誦。在證言的結尾就強調了這種力量：「我不會讓他人與我目標相左的意見和影響進入內心。」訂出期限和覆誦證言都幫上了大忙，使奎松認識了自己的內心，在遇到令他苦惱的重大難關時，也能穩住自己堅守的方向。

奎松開始運用「個人成功學」後，過了二十四年又六個月，他便成為自由菲律賓群島的首任總統。

是巧合嗎？儘管有第一次世界大戰的干擾和其他許多難以逆料的因素，但這是巧合嗎？我並不這麼認為，因為我看過在許許多多不同的情況下，「個人成功學」中的這條原則對許許多多的人都奏效，所以那肯定不是巧合。

我們會再提到這條原則。眼前我想跟各位談的只有一個人，他目前在芝加哥經商，並把這條原則運用得十分成功。

克萊門特．史東 (W. Clement Stone)[4] 在念中學時，找到了自己的目標也了解內心的力量要帶他走的方向。不久後，他銷售保險的速度就快到讓他賺進比老師還要多的錢。如今他的財富據估超過了一億六千萬美元，而且還在迅速增長。

3 菲律賓政治家，於一九三五年當選菲律賓首任民選總統，並於一九四一年連任成功。後因日軍入侵而流亡美國，並於一九四四年病逝紐約。

4 美國企業家、慈善家暨勵志作家，美國聯合保險公司的創辦人，著作多以提倡正面心態為主軸。

但在一九三九年時，他卻大禍臨頭。當時他是營業處的負責人，這家大型事故險公司主要銷售的是特殊意外和醫療保單。有一天，母公司說砍就砍，通知他兩週後將終止與他的聘雇合約。

史東先生並沒有大筆的儲蓄。這份合約非得保住不可。他花了四十五分鐘回頭檢視內在的自我，然後決定要在這關鍵的兩週內說服事故險公司，終止與他的合約不符合他們自身的最大利益。公司想結束合約的理由非常充分，不過他們還是如他所願地改變了心意，史東也繼續朝著他的財富邁進。

後來他決定，他要在一九五六年之前擁有自己的大型健康和醫療險公司。到一九五六年時，他做到了。

他決定，他要在一九五六年之前擁有自己的一千萬美元。他做到了。

我最近聽說，史東先生訂下了六億美元的終極目標。我不曉得他的截止期限，但我並不懷疑的是，到時候或在此之前，他就會賺到想要的金額。此外，他將循著慣有的用錢方式，把其中一大部分用來造福人類。六億美元的念頭可能會把小鼻子小眼睛的人嚇昏，但對「個人成功學」有所認識的人則會說：這有何不可？

不久之前，我做了一次調查，目的是想得知美國把「個人成功學」運用得最出色的前十名是誰。

克萊門特．史東在榜上名列第三。前兩名是我二十年研究的贊助人安德魯．卡內基，以及史上最偉大的發明家愛迪生。

我第一次見到史東先生是在一九五三年，當時我正開始要披露他名利雙收的傳奇故事。他在創業時，身上只有一百美元的現金，以及一本我最暢銷的書《思考致富》。史東有效運用我的成功學令我深感好奇，於是我接受他了的提案，協助他把「個人成功學」傳授給他公司全體的保險人員。

這項工作歷經十年，我投入了所有時間來協助史東先生把我的成功學灌輸到他的整個組織裡。這是個浩大的工程，但成果豐碩，因為它確實證明了在安德魯．卡內基的指導下，**我二十年的研究所揭露的神奇公式有助於人從現有的處境跨入人生的夢想之境**。

我頭一回開始跟史東先生合作時，他有很多名高階主管都批評這個結盟是在浪費時間。他們從來沒耳聞過成功學，所以自然對它會有所質疑。這套成功學是奠基於五百位傑出人士透過嘗試錯誤的方法，從畢生的經驗中所擷取的經驗。

五年後，同樣這批主管在商務會議上見到了史東先生和我本人。大大出乎我意料的是，史東先生站起身來對全場說話。他說：「各位，美國聯合保險公司 (Combined Insurance Company of America) 如今締造了奇蹟。」在停頓好一會後，接著他說：「在拿破崙・希爾來之前，公司沒有締造過奇蹟。」

我開始跟史東先生合作時，每年來自保戶的保費收入約為兩千四百萬美元，史東先生的個人財產據估約有三百萬美元。十年後，在彼此同意下結束合作時，公司每年的保費收入約為八千四百萬美元，史東先生的個人財產據估則超過了一億六千萬美元。

你或許會想問：合作讓我賺到了多少錢？跟史東先生所賺的比起來，我所拿到的錢微不足道，但我並不是為了金錢報酬做事；我所追求的東西遠大於任何數目的金錢所能買到的一切，因為在跟史東先生合作的那十年裡，我證明了**「個人成功學」能為擁抱並聰明運用它的人締造奇蹟。**

然而更重要的是，我為拿破崙・希爾學院（Napoleon Hill Academy）[5] 打下了基礎。這個組織現在專門在籌辦與經營加盟學校，以便在全美各地教授「個人成功學」，最終則將遍及自由世界的各個角落。這些學校無遠弗屆的影響力或許會受到可以理解的重視，因為「個人成功學」會是共產主義的絕佳解藥；我在一九〇八年開始建構這套哲學時，並沒有預期到這點。說真的，這讓我聯想到「謀事在人，成事在天」。

人類全體的自由現正遭到所謂共產主義的威脅，「個人成功學」則很有機會成為化解這種致癌毒素的強大因子。

「個人成功學」已受到一群人所青睞，他們把它翻譯成了西班牙文，目的則是要把它推廣到所有說西語的國家，並從南方的拉丁美洲友邦做起。我最終打算把這套哲學譯成全世界所有的主要語言。

因此，誰有足夠的智慧說，和克萊門特・史東合作十年讓我得到了什麼，或是誰有足夠的智慧去了解把我們兩個牽在一道的命運之手？

阿諾・芮德的傳奇故事

阿諾・芮德 (Arnold Reed)[6] 是另一位保險界的主管，他的人生故事以及跟「個人成功學」的關係足以媲美克萊門特・史東。以成功學的角度來說，他的故事在很多方面比史東的故事還要傳奇。

芮德先生是個頂尖壽險業務員，所創下的銷售紀錄在這一行鮮少有人比得上。

5 由本書作者所創辦，並於全美各地開班授課，旨在傳授其「成功學」的思想。
6 美國大同壽險公司創辦人，並於一九六五年公司上市時擔任總裁暨董事長。

芮德先生的銷售是從每年一百萬美元左右開始，然後節節上升到遠高於這個金額。他所服務的保險公司則是由一個被他視為私人朋友的人掌管。

不幸的是（真是不幸嗎？），阿諾並沒有仔細看清楚公司合約細節，後來才發現，裡面有一項條款使他拿不到續保保費的佣金。而在保險業務員的工作中，這是一個讓人想盡全力要好好表現的最大誘因。

這個發現令阿諾深受打擊，於是他回家後便躺在床上，既不吃東西，也不跟朋友聯絡。醫生被請來替他看病，但沒有一個人看得出他的身體出了什麼毛病。生病的不是他的身體，而是他的心靈，因為朋友背信帶給他的打擊斬斷了他和靈感來源之間使他得以成為超級壽險業務員的聯繫管道；而光是靠著這個來源，就足以使人成就斐然！

緩慢但卻不容否認的是，阿諾．芮德正邁向死亡。

他的病沒得醫。替他看診的醫生知道這點，並坦承自己給不了他生機。後來奇蹟發生了。阿諾有個朋友一直都在研讀我的成功學，他去探望阿諾，並把《思考致富》送給了他。「這裡有本書，」他對阿諾說道，「在我身上發揮了神效，我希望你也看一看。」

阿諾接過書，把它丟到床邊，不發一語地轉過身去。幾個小時後，他把書拿起來打開一看，裡面的內容吸引了他的目光，一口氣就把它讀完了。接著他看了一遍又一遍，讀到了第三遍時，他便感覺到力量泉湧了出來。他當下就領悟到，這股力量能讓自己脫離絕望深淵。

他跳下床，開始寫信給知道他當壽險業務員有優異表現的那些朋友，開放機會，讓他們跟他聯手成立一家壽險公司，名字則叫做大同壽險公司（Great Commonwealth Life Insurance Company）。

朋友們的回應迅速而熱烈。成立公司所需要的資金被超額認養，還有很多錢還得退還給寄來的人。這一切差不多就發生在我開始跟克萊門特．史東合作的時候。

到了約十二年後的現在，大同壽險公司已是業界最成功的公司之一，一九六六年的保費收入總額超過了九百萬美元，正朝著阿諾．芮德所訂下一年十億美元的新目標迅速增加當中。

該公司在美國各大城都有據點，銷售組織裡則有四百多位專心致志的男男女女在學習及運用使阿諾．芮德擺脫死亡陰影的那股神祕力量；而且他們的表現在保險業無人能及。

大同壽險公司在美國許多地方都有開班授課，以便為銷售大軍訓練新血。每個學員所領到的第一樣東西就是一本《思考致富》，以及這本書為阿諾．芮德和公司做出了什麼貢獻的簡述。

上次我對大同的銷售組織演說時，阿諾．芮德走到講台上握住我的臂膀。他拿起《思考致富》，一面說道：「各位朋友，假如不是這本書和我左邊這位摯友，就不會有大同壽險公司，現在我也早已長眠在地了。」

這是我所聽過最簡短、最戲劇化的介紹詞。我的心情激動不已，差點就無法開口演說。

阿諾．芮德確實是個優秀的團隊領導人，他在大同所創下的亮眼紀錄就足以為證。他在領導上的主要祕訣在於，**相信自己的所作所為，並以真誠來經營和同事的關係。少了這兩項特質，任何人都無法在任何一個人生階段成為偉大的領導人。**

有成功意識的心靈會迅速發揮作用

在我跟數百位成功致富人士的訪談中，我注意到他們的內心對成功有多麼地全神貫注。其中有些人的學歷很高，有的人顯然對所謂的「學校教育」毫無涉獵，好比說亨利．福特。這些人之所以有力量把自己的心靈運用得這麼有活力與效果，從來就不是因為有沒有受過正規教育，也不是靠過人的智慧。那麼是什麼激勵了他們的內心去認定偉大的目標，然後篩選所有的人生處境，並善用能幫助自己施展抱負、達成夢想的條件？那就是成功意識。

首先你必須了解自己的內心，然後才能找到成功意識。亨利．福特掌握了製造平價優良汽車的精髓後，依然繼續運用他的成功意識。他必須確保汽車經銷系統完善，而且銷售網遍及全國各地。因此，他需要資金。銀行業者可借貸給他，但他不想讓外來的金融勢力把持自己的公司。

連在打造經銷組織時，福特極有效率的心靈也指引他取得需要的資金。首先，他把所有汽車產量僅配給福特的加盟經銷商。接著他規定，每家經銷商都必須接受固定配額的車數，並在車子送到前按買價預繳一定比例的現金。

這個計畫使每家經銷商等於成了福特的事業合夥人，卻不影響福特先生掌控事業。在不影響主導權的情況下，這個做法更加為他帶來了必要的營運資金。此外，還為車商提供了非常明確的誘因來為每輛車找到買主，而且實際上就跟自行經營獨立的事業時所具備的誘因一樣。

我曾聽說，這個計畫使福特的某些經銷商陷入了困境。但在認識一些T型車出現前就在營運的車商，並看過現今的記錄後，我可以說，福特的車商大部分都相當賺錢。

奧維爾・萊特和韋伯・萊特 (Orville Wright and Wilbur Wright) 這兩位單車技師成功把第一架飛機帶來世上。是什麼讓他們的內心轉個不停，率先做出世界上第一座風洞，找到了別人都想不到的翼尖控制訣竅？是什麼使他們突破了材料和動力上的限制，使首次飛行看起來還是很「不可思議」？首先，他們掌握了自己的內心和人生，再來則是受到必然隨之而來的成功意識所指引。

現今的世界有所不同嗎？其實只差在一些小地方而已。以像記憶芯這樣的裝置為例，有很多現代電腦都是靠成千上萬個這種微小的磁性元件在運作。萊特兄弟並不曉得這種東西，亨利・福特、安德魯・卡內基或愛迪生也不曉得。一九五五年時，有個名叫莫林・米可森 (Merlyn Mickelson)[7] 的年輕人看到了電腦時代正迅速崛起，並看出每個時代都有屬於它的機會，也就是滿足時代需求的方式。他開始在自己的地下室製造記憶芯。他第一筆投資的工具和用品花了七・二一美元。第一批員工則是他的朋友和「吃苦耐勞」的鄰居太太。如今還不到四十歲的米可森先生依然在做記憶芯。他成了總裁，公司一年獲利一千六百萬美元，而且七成五的股權歸他所有，持有的公司股票約值四千七百萬美元。

已充斥失敗紀錄的內心是否能重灌成功意識？

當你著手認識自己的內心，並活出自己的人生時，必然就能把失敗的紀錄一掃而空，正如同你可以洗掉錄音機裡的留言，留下接收性能良好的帶子或是內心，以接收更好的新銘印。

有些人靠自己就做得到，有的人則需要協助。我清楚記得一個在我幫助之下找到自我的人。各位會看到，我幫他起了頭，等知道自己要去哪裡後，剩下的就靠他自己來了。

這個人徹底破了產，而且剛退伍。我相信他是把部隊當成避難所，但終究還是要回到社會上找工作。只要一提到「苦日子」三個字，似乎就足以打垮他。他既落魄又飢餓。只要有得吃，他連麵包屑也願意拿來裹腹。

為了找工作，他跑來找我。劈頭就說：「我只要有地方可睡覺、能填飽肚子就好。」

在一個財富俯拾即是的世界裡，有地方可以睡覺、吃得飽就好？

7 美國創業家，不到四十歲就以百萬富豪之姿於一九六五年成為《時代》雜誌的封面人物。

我不禁問道：「為什麼要屈就於一張飯票？你想不想成為百萬富豪呢？」

他歪著身子，眼神呆滯地看著我。「拜託，別拿我開玩笑了。」

「我跟你保證，我是認真的。每個人都有某種資產，只要運用得當，任何人都能把自己的資產變成一百萬或好幾百萬。」

他嘆了口氣，「你所謂的資產是什麼？我的口袋裡只有五分錢。」

我說：「把內心轉向積極面，就會掌握前所未有的最重要資產。我們來研究看看。現在來清點一下你的技能。坐下來，我們進一步聊聊。你在部隊裡是做什麼的？」

他在部隊裡擔任的是伙夫。在入伍前，當過富勒刷具(Fuller Brush)的推銷員。我發現他是個不錯的伙夫，但顯然不是個好的推銷員。不過，他對於銷售還是略知一二，而且在跟他談話時，發現他還是想要賣東西。但一開始他並不相信自己真的能成為好的推銷員。過去的失敗記憶箝制著他，我必須幫助他打破這些自己造成的心理障礙，並看出自己「能做」到什麼，而不是「做過」什麼。

我們談了一陣子，同時我自己的內心也忙得不可開交。飢餓與絕望並沒有削弱我的心靈。曾幾何時，我的內心也經歷過跟他一樣深的低潮，但現在我充滿了成功意識。

經過尋覓後，我那不受箝制的心靈想到了，有幾種特殊的新廚具目前才剛開發好。有一種新的廚具能大大造福家庭主婦。有個人想得到出料理、甚至能示範；有個人能被培養成好推銷員……我們從中就找到了勝利方程式。

「假設你所代表的公司是在做一種新的鋁製廚具，」我說道，「這種廚具有很多優點，應該要讓人親眼見識到；如此一來，就等於能自動推銷了。稍微花點心思，例如拿一些鍋子或平底鍋讓人親自用用看，任何一位家庭主婦應該都會樂於請鄰居到家裡來吃頓便飯。你用特殊的廚具來煮那頓飯，等到飯後，你就會接到整組廚具的訂單了。假如現場有二十位女士，我相信你有辦法吸引到半數的人購買。其中有些人會迫不及待想在自己家裡舉辦類似的餐會，這樣生意就會源源不絕。」

「聽起來不錯。」我的年輕阿兵哥朋友回答說，「可是眼前我要去哪裡睡覺？又要去哪裡吃東西？要去哪裡弄幾件乾淨的襯衫和一套新西裝？更別提要去哪裡取得資金或貸款讓新事業起步？」

當對自己還不了解時，常會產生類似的疑問，所以一眼就會看到所有的障礙，而不去直視目標。

「自己的心境要正確。」我說道，「這樣就能把所需要的東西弄到手，或是想辦法不靠這些，照樣達到目標。當內心能把渴望的目標認真描繪出來，並感受到成功意識正把它帶往那個目標時，你就能達成那個目標。我們姑且把其他所有的事都先擺在一旁，來研究一下你的心態。」

其實這個年輕人離渴望擁有的積極心態非常近了。不過，我還是得先把這點確定下來。接著我說他是支潛力股，我讓他使用我們的客房，並提供伙食給他。我讓他使用我在馬修菲德 (Marshall Field's) 百貨公司的簽帳戶頭，好讓他可以打扮得體面一些。我還幫他第一套廚具的票據作了保。

在頭一週，他淨賺的利潤將近有一百美元。到了第二週，這個金額翻了一倍。過沒多久，他就開始訓練其他手下的人。最重要的是，他把此時已充分掌握的成功意識灌輸到了他們身上。他們隨之發光發熱，他也不遑多讓。

到了第四年的尾聲，這個曾經極度飢餓潦倒、離百萬富豪還相差十萬八千里的年輕人有了超過四百萬美元的身價。此外，他變得熱切又有效率的內心還精心設計了一套居家示範推銷計畫，使推銷大軍現在一年可賺進數百萬美元。

當歡樂天堂的鐘聲響起

當人找到自己的內心並讓它充滿成功意識，或是透過他人幫助做到這點時，我就彷彿聽到歡樂天堂的鐘聲響起。這代表又有一個心靈斬斷了用可怕想像所鍛造出來的枷鎖。

現在你就看得出來，為什麼我為本書開場所說的「**掌握自己的內心、活出自己的人生、找到沒有極限的真實自我**」是什麼意思。當你做到了這點，你所擁有的資產就會是你希望它值多少，它就值多少。

再來想想創建獨立國家的相關案例。想想古印度，有稠密的上億人口，代代都受英國統治。想想甘地，此人身無分文，手上沒有軍隊，沒有房子，連條褲子都沒有。但他所擁有的資產卻比大英帝國的整體國力還龐大，那就是掌握自己的內心並把它導向自己所選目標的能力。他選擇要為印度帶來自由，而他也在有生之年看到了自己的目的獲得實現。

拜甘地的影響所賜，我的「個人成功學」目前在印度有數百萬個追隨者。無論你的目標是金錢、他人的福祉還是兩者兼具，那都無妨，要知道什麼都比不上了解自己並相信自身能力的內心力量。

內心城堡的精神防禦

我刻意用了「防禦」這兩個字，好讓各位注意到它的不同含義。「處處防備」的心靈並不是開放的內心。比較可能是會害怕的內心，充斥著藉口與逃避，根本無法把主人的眼光提升到有遠大成就的境界。所以在說到精神防禦時，我指的並不是負面的東西：相反地，我說的是一個可以讓人退一步並使自我更加完整的層面。

我所認識的每個成功人士都會設法用這些精神防禦來武裝自己。我採用了這套系統，並覺得很寶貴。運作方式如下。

把你的內心想成是長得很像某些中世紀城堡的樣子。在中間的是堅不可摧的塔樓，或說是「主堡」，從主堡往外走會碰到不易攻破的內牆。再往外走，則會碰到另一道用來當作第一防線的外牆。

要進城堡的人首先必須通過外牆。這道內心的精神防禦牆不需要非常高。任何人只要有正當的理由要把想法帶進你的內心，就可以攀越這道牆。不過，假如他缺乏正當的理由，那道牆就會把他擋下。當你建起這樣的牆，別人就會知道界限在那裡，你也給了自己珍貴的保護力。

通過第一防線的人接著會遇到第二防線。你在某些情況下會把它建起來，某些情況下則不會。當你的內心一把這道內牆築起來，就沒有人攀得過去，除非這個人跟你有十分相似的地方，或是當下有什麼重大的好處可以分享。

最內層的防護城堡最為重要。它很小，範圍剛好只夠把你圍住，可是當你的內心退守到那個主堡裡時，就會與各種外在的影響隔絕。以我來說，只有造物主才能穿透我最內層的精神城堡。把自己的主堡找出來，就會找到強大力量的來源。在這裡，你可以找到最深層的思想，並且不受外在的影響所干擾。在找到這座城堡前，你絕對認不出它來。在這裡，你可以探尋問題的根本價值，並找到到處遍尋不著的解答。在這裡，你完全駕馭的內心尤其會透露出有什麼事你可以做到。所以等你出關時，你就知道事情搞得定，而你也會去做。

起初你或許會覺得，有必要從外界實際退守到安靜的室內，或者也許是某個遠離工作與熟人的地方。這多半是個好主意，因為即使你曾遇或找到過內心最深層的私密也一樣，有很多環境會把思想給打亂。

不過，等你多次成功退守到牆面厚實的主堡後，你就會發現，即使周圍人聲嘈雜，你也能進去一下下。我看過許多成功人士做到這點，進而展現出使他們成功的力量。這既是重振精神的良方，也是能力、自信與堅持信念的一種充電方式。

我在本書中所要說的一切奠定在一個至高祕訣上。

這個祕訣在本章已描述得很詳盡。各位看到了，它也已經開始滲透到各位的潛意識，你將永誌不忘。

01 致富心法總結

千萬別相信自己不夠格

在人生獲得成功的人必然知道自己要往哪裡去，必然能充分掌握自己的內心，並全心相信「就是它了」。知道這點後，他就能化解任何可能企圖打擊他的外在影響。即使是對小孩說的「權威之言」，也壓不倒一顆了解自己的心。即使是可能淪為罪犯的孩子，也有可能把他導向正派與成功的人生，只要你讓他明白自己有為善的巨大潛力。

磨難是補藥，而非絆腳石

人生經常伴隨著困頓與失意，但了解自己的內心會變得充滿成功意識，永不迷失。你可以為達成某個遠大的目標訂出期限，藉此幫助自己。即使是無人能預料的世界大戰，也證明不足以構成障礙來壓倒這種高超的技巧。

有成功意識的內心會迅速發揮作用

一旦內心充滿了自己主導的成功意識，你就不用仰賴正規教育，而能達到極佳的思考效率。只要看到前方的理想目標，你就有很強大的能力來找到讓自己心想事成的辦法。對汽車時代的先驅或打造現代電腦零件的先驅來說，讓內心迅速而有效地發揮作用的原則永遠都一樣。

成功意識可以灌輸到別人的內心嗎？

即使是最先意挫敗的人，也能把成功的潛力全部恢復過來，只要有另一個充滿成功意識的人喚醒他心中同樣偉大的力量。對成功、而不是對成功造成障礙的信念可以散布到另一個人的內心，直到成千上百萬人都同樣有遠大的目標為止。

內心城堡的精神防禦

你可以在內心裡築起三道比石頭還堅固的精神城牆。在這幾道牆內，你可以認識自己與做自己，並照樣汲取你想要納入的所有良善及有建設性的影響力。對於不想要的負面影響、浪費時間的需索等等，則可以阻擋在外面。在最內層的城牆裡，你永遠有辦法恢復自己的力量，並為自己的信心與信念充電。

02

關上過往之門

每當遭逢不幸時，就把它送進過往。把心思放在未來的成就上，你會發現過往的挫折常常是為了讓未來充滿好運。你的財富成就和內心平靜彼此息息相關。即使是從事最底層的工作，成功也會在自己的內心裡蓄勢待發。為工作加值，你就啟動了將意念轉化為生活現實的力量。

當我還是維吉尼亞州懷斯郡的窮小子時，曾花了二十五美分買了一張獎券。獎品是一匹馬，結果竟中獎了！對那時候的農家來說，馬的價值不斐，而且這是匹公認的好馬。滿懷驕傲的我把牠牽了回家。真是走運哪！

真是如此嗎？我小心翼翼把馬安頓在馬廄後，餵牠吃燕麥、玉米和乾草，馬兒愛吃多少就吃多少。就在當天晚上，牠衝出了馬廄，跑到河邊狂喝水。任何一個懂馬的人都料得到，這頭肚子飽脹的可憐動物最後失足跌進河裡死了。把牠拖去葬花了我五美元。運氣還真好！

但誰看得出過往的用處呢？我過了幾年才有辦法回頭看這件事，並看懂了自己的好運。你知道，我從此再也沒有受到誘惑去把錢花在任何一種形式的賭博上。我當然就省下了好多匹馬的成本，更不用說是內心的平靜了。

現在我要跟各位講一件更嚴重的事，這事奪走了一條人命，威脅到我的性命，使我無緣利用一個大好機會。這看起來像是倒楣透頂，但結果卻對我大有好處，而且對別人亦然。

當時我完成了一套八冊的《個人成功學》(*The Science of Personal Achievement*) 初稿，想找出版商。唐恩・麥雷特 (Don Mellett)[1] 先生是俄亥俄州坎登市 (Canton)《每日新聞》(*Daily News*) 發行人，他成了我的合夥人兼業務經理。我們說服了美國鋼鐵公司 (United States Steel Corporation) 的董事長艾伯特・蓋瑞 (Elbert H. Gary) 法官來資助印行第一版的必要花費。此外，蓋瑞法官還答應購買全集來送給每位在這家大企業服務的重要幹部。合約還沒有簽妥，但我已志得意滿了。

當時麥雷特先生正以旗下的報紙踢爆私酒業者和該市警方之間非常不堪的勾結。在我們要去見蓋瑞法官的三天之前，有名員警和黑道分子開槍殺死了麥雷特先生。由於我跟他有往來，因此黑道便認定我和踢爆事件也脫不了關係。我離遭到暗殺只差了幾個小時。

我不得不離開一年避避風頭。最後凶手遭到了逮捕、定罪，並被判處無期徒刑。在此同時，蓋瑞法官也過世了。我的計畫全泡了湯，我在避風頭的時候不得不浪費許多寶貴的時間，加上出版商也沒了，我一下子回到了起點，甚至還倒退了。

我重新開始，為著作找了別家出版商。這本身是個有趣的故事，但並不是「這則」故事的重點。

我後來發現，要是蓋瑞法官成了我的金主，《個人成功學》也依計畫賣進了美國鋼鐵公司，從此我就會永遠被視為大企業的御用工具。《個人成功學》就會遭到質疑，很多現在採用它的人會棄之如敝屣。此外，我可能會不敢像後來那樣，不時出言批判大企業，而忘了真正的目的是要打造更美好的世界。

每個磨難都埋著同等或更大福氣的種子

各位記住這句話了嗎？把它寫在卡片上，把卡片帶在口袋裡，天天都看！這句話蘊含了讓許多人內心平靜的關鍵。它並不是我所謂的至高祕訣，但也相去不遠。

1 美國報人，曾獲普立茲獎，因報導弊端而遭槍擊身亡，得年三十五歲。

把它根植在你的意識裡：**每個磨難都埋著同等或更大福氣的種子**。

因此，不管是任何悔恨、苦難或事後反省，**關上過往之門**也許都是十分明智的決定。你所尋求的是財富成就和內心平靜。無論是通往財富還是內心平靜的道路，都無法經由過往的不快經驗堆成的墓地而到達。

當你達到內心的平靜後，你的心靈就會自動排除各種無益的想法與心理反應。同時也要幫助自己達到這種對內心收放自如的地步，善用它所能為你做到的一切。要避開所有負面的心理影響，尤其是要避開那種悲慘的悔恨陰影，因為它會擋住人生中所有的陽光，也會悲慘地把其他的珍寶擋在門外。

時間是偉大的魔術師

要將慘痛經驗、失望和挫折的門統統關上！接著時間這位偉大的魔術師就能把過往的哀傷與錯誤轉變為現在的報酬、成功與幸福。

克努特．漢森（Knut Hamsun）是個挪威移民，他在這個國家屢試屢敗。在絕望中，決定把自己的奮鬥故事寫下來。他取名為《飢餓》（*Hunger*）的著作拿到了諾貝爾文學獎。漢森的慘痛經驗最終使他名利雙收。

哈利・杜魯門 (Harry S. Truman) 開男裝店失敗。假如他自此之後就認為自己一無是處，那肯定就不會踏上總統之路了。

我們還有另一個人的例子是開了店，但店卻倒了。

做工程也做垮了。警長把他的勘查儀器賣了來抵債。

在印地安戰爭中入伍投軍，官拜上尉。他從軍的戰果很差，所以被降階為小兵並遣送回家。

陷入熱戀，並締結了婚約。女方後來過世使他大受打擊。

他當起了律師，官司很少打贏。

從政，競選公職也失利。

亞伯拉罕・林肯 (Abraham Lincoln) 最後當上了總統，令人驚訝嗎？某方面是，某方面則不然。他大可讓內心把失敗和失意揣在背後，就跟囚犯拖著腳鐐一樣。畢竟有很多人都是這麼做，也確實成了過往的囚犯，失敗的影像永遠揮之不去。對他們來說，我就是那樣。

不過他並沒有這麼做。他決心擺脫失敗的方式並非奇蹟，而是人人都擁有的崇高特權。這個當上總統的人經過了人生之火的錘鍊，否則不可能成為那樣的人或成就那樣的事。

對於人生中的偉大「計畫」，你不可能全都看得出來。不過，假如你把每次的悲傷與挫敗都當成磨練，以換取未來更好與更豐富的經驗，那就能把它變得充實而有收穫。

我的建議是：

對人生境遇的無窮變化保持警覺。

你曾對愛情失望嗎？覺得心簡直要碎了。看不到世上的歡樂。可能想要吃幾顆安眠藥一了百了。但世界上難道就沒有別的地方有人可以取代你所失去的那位女子或男子嗎？在內心最深處的堡壘裡稍微靜心一想就會明白，根本不可能如此。

我也遇過這種事。在傷心欲絕後，我所遭逢的境遇變化最後把我帶到了完美妻子的身邊。這個故事有個更發人深省的重點。在大吵一架後，我的初戀女友拋棄我嫁給了別人，此時我以為世界末日來臨了。五年後，她嫁的人自殺了，原因是跟我一心一意想娶的女子在生活上不斷產生磨擦而導致精神錯亂。要是討了個猛刁難我而不幫助我的潑婦，我會變成什麼樣子？

每個磨難都埋著同等或更大福氣的種子。

記住，**即使身在被外界稱為「障礙」**的處境中，你還是可以稱它為**「福氣」**，並且使福氣成真。

我提過愛迪生沒受過什麼正規教育，極為成功的保險業者克萊門特・史東則是高中輟學生。有許許多多的人儘管都沒「念書」，卻都成功了。所以我們可以說，少了它不見得就是障礙，而且這完全沒有貶低教育的意思，完全是因人而異。

可是愛迪生的失聰呢？聽力非常微弱當然是種障礙。但這同樣是因人而異。

愛迪生小時候當過火車上的糖果小販。一次，有個人抓著他的耳朵，把他和整堆的糖果提到了火車上，這就是他喪失聽力的開端。他大可一輩子活在這個殘酷又傷人的經驗裡。大可跟其他許多人一樣，把大部分心思花在自怨自艾上，但他並沒有。

我去看他時，他要仰賴助聽器。依現今的標準來看，那是很老式的東西。等我確定我們對彼此的心思都有所了解後，我就問他覺不覺得失聰是一大障礙。他回答說：「失聰反倒對我大有助益。它使我不用去聽很多沒有用的閒話，教會了我**用心傾聽**。」

凡是想要內心平靜的人，都應該記住最後那四個字。藉由把苦難轉變成福氣，愛迪生先生學會了要怎麼接收所有在每個內心裡蓄勢待發的微妙力量。他還覺得，他打心底聽到了無窮智慧的聲音，並得到了無上來源的指引。

每個磨難都埋著同等或更大福氣的種子。

滿口失敗就會招致失敗，滿口成功則會引來成功

我有一次訪查了三萬個人，想了解他們在面對失敗和打擊時會有的特定反應。其中絕大多數的人只要一次挫敗就會受到重創。

在那些持續前進的人當中，又有很高比例的人會另謀出路，但他們甚至在還沒受到打擊前就放棄了。打擊並非來自環境，而是來自過往遭遇打擊後所延續下來的既定態度。他們並沒有關上過往之門，反而是一有機會就回頭往那扇門走去。不消說，這群人裡面出不了福特或愛迪生。

另一方面，我想起了一個名叫亞瑟．達修（Arthur Decio）的人，他從父親耗盡積蓄的失敗家族生意中打造出自己的事業。他家是做活動屋的生意，壓根就做不起來，此時父親絕望地把它交給了兒子。當時二十幾歲的達修能拿這門生意怎麼辦？大多數的人都會當場就變賣掉。

從印地安納州艾克哈特（Elkhart）緊鄰鐵軌的自家車庫裡開始，達修先生首先設計了一款容易搬動的小型活動屋。他從研究中得知，這是有市場的。後來他把通用汽車（General Motors）的作法應用在以前從來不曉得有這回事的行業上。他開始著手頻頻改款，建立經銷網，推出四款活動屋來互相競銷。公司業績在四年內翻長了五

倍，原本搖搖欲墜的生意則為達修先生賺進了五百萬美元。

現今的人口中包含了比例頗高的年輕夫妻和退休夫婦，這兩群人都是活動屋的主要顧客。達修先生當然知道這點，因為每個年齡層都有它的特殊愛好。

幾年前，我的調查中出現的許多失敗案例都展現出不分年齡的共通失敗特質。這些人不但失敗了，而且一直活在失敗中。他們對失敗的談論勝過了其他話題。他們活在過去式裡，一再把曾有的痛苦攬上身。

然而，**成功的人所談的則是未來式。他們的眼光不是擺在交雜不少錯誤的過去上，而是不斷放眼未來和自身的遠大目標**。我奉安德魯·卡內基之命去訪問的那五百多位十分卓越的人士必然也是如此。他們談的都是「前進之路」。一旦將失敗拋到腦後，失敗就會留在腦後，尤其立即就會消失在他們的談話中。

關於成敗，我觀察到另一個跟內心平靜密切相關的特色。

充滿怨恨和嫉妒的人顯然得不到內心平靜，他們的人生會因為怨恨和嫉妒而走味。失敗的人往往一看到成功的人就討厭。我在向成功人士請益時，注意到他們對於別人的成功都會語帶讚美。態度不是嫉妒，而是願意向他人學習。反觀失敗的人則會想盡辦法對成功的人提出一些惡意批評。假如那個人做生意的方式找不到任何可議之處，就會從別的方面來挑毛病。怨恨顯而易見，不遑多讓的還有這個可悲的事實：這種人不但享受不到金錢所能買到的東西，也得不到內心平靜。

富有和內心平靜之間有確切的關係嗎？

關係是有，但並非絕對。內心平靜的窮人當然也有，但比起我們在傳聞中所聽到的要少得多。你不需要是百萬富豪，但要是沒有足夠的金錢，人生中許多使精神得以維繫下去的東西就無從取得。假如你不停在擔心下一餐在哪裡、鞋子什麼時候才能送修、看牙的帳單要怎麼付、房子不粉刷還能撐幾年，那就得不到內心平靜。假如你因為缺錢而被迫住在較差的地區，所以老是在擔心小孩受到不良影響，那就得不到內心平靜。假如你無法偶爾買個漂亮的東西來珍藏，沒錢度假來好好休閒一下，看不起自知非常值得一看的電影或舞台劇，那你的內心就沒有機會來滿足自己。金錢會為人生帶來許多好處，以及許多任何人都不該欠缺的東西。

享有內心平靜的有錢人很多，這點不足為奇，但心不安的富人也很多。假如財富的主要目的是要讓擁有者為保住財富而擔心，那內心的平靜就會從窗戶溜走。

在我人生相當富有時，曾經歷過一次失敗增長了我的知識，強化了我的心靈。那就是我變窮了，窮得很徹底。境遇發人深省。

當時也許是為了彌補年輕時一窮二白的日子，我開始迷戀大房子、大車子、大片的土地和諸如此類的財富象徵。也許我只是跟著時代潮流走，因為當時的人似乎很講求只要有錢，就必須展炫出來。現今的百萬富豪可低調多了。

總之，我的書賣得很好，我博得了推銷員訓練大師的美名，相關企業也生意興隆。因此，我似乎一定非得開勞斯萊斯不可。不久後，我就有了兩輛勞斯萊斯。在此之後不久，我把車停在紐約市北部卡茲奇山 (Catskill Mountains) 山莊的大車庫裡。我把那座山莊視為個人成就的展示館。

那座山莊請了佣人、維護技工、以及技工的領班。我在那裡辦了很多鋪張的晚宴，花費連約翰．洛克斐勒 (John D. Rockefeller) 都看不下去。有一次我為了烤肉晚宴廣發邀請函，預計大概會有一百人左右出席。結果來了三千多人！公路形同癱瘓，雙向車道都塞了兩英里，交警絕對恨死我。

山莊裡的客房可以容納四十位賓客舒服地過夜，而且經常客滿。有一次，客人還多到占用了我的私人空間。我回家是希望得到一些內心的平靜，卻發現竟有陌生人睡在我的床上。更荒謬的是，他穿了我僅有的一套睡衣。

我們來為希爾山莊拉上謝幕吧。在二九年的經濟崩盤後不久，山莊就賤價出售了。等我從當時的震驚中恢復過來時，覺得好輕鬆！原本憂慮不已的內心變得好平靜，且充滿新的活力！

當時我另外有三個朋友損失的資產加起來還比不上我失去山莊所損失的金額，他們對於「每個磨難都埋著同等或更大福氣的種子」這條偉大的原則卻沒有信心。結果一個從華爾街的高樓跳下，一個舉槍自盡，第三個人則是投河六週後被撈出哈德遜河（Hudson River）。

我又重新賺到了錢。這是當然的，成功學的原則有以致之。我失去了山莊，卻沒有因此失去認知：**人的內心所立下的任何目標都可以靠擁有那個意識的人來達成。**從此以後，我便過得優渥但不炫富。當金錢變成負擔時，哪有什麼好？

確定你的工作和金錢能造福他人

我毅然揮別了卡茲奇山的生活後所迎來的一個正面結果是，找到了時間寫更多的書。這些書造福了我，也造福了人群，所以惠賜給我的不只是金錢而已。

當安德魯．卡內基決定用他的大筆財富來蓋免費圖書館時，大大增進了內心的平靜。

亨利．福特對於分送金錢一事十分堅持。當他總算得知有可能找到值得託付金錢並善加運用的人時，我相信他感受到了同樣的寧靜滿足。

接下來還有一條重要的原則可確保隨著財富成長，內心的平靜也會成長。

不要為了成功傷害任何人

不要為了成功而傷害任何人，我很感謝我在人生中，早早就學到了這點。當人找到了自我，以及隨之而來能賺到大錢的方式，有時就會看到可以偷斤兩的投機方式。這就像是肉販的手跟漢堡肉一起秤重，不會有人注意到。在許多情況下，我大可用不實的手段來增加財富，但也會因此失去內心平靜。

在我接受安德魯．卡內基的委託去訪問的那些人當中，有幾位簡直就是商界的海盜。（當時在大多數的情況下，我並不曉得這點。）但如果他們為了自肥而偷了別人的東西，或是無情毀了別人，事後往往證明失去的會很多！有的人坐了牢，有的人雖靠法律的巧門躲過了牢獄之災，可是當誠實的人對他不屑一顧時，誰還能得到內心的平靜？

如今是以提供服務為導向的大型企業時代，辦公室人員常多如牛毛。工廠裡的人通常是以他所的產出來接受評斷，但白領可以靠各種性格上的把戲、書面作業的把戲、把錯誤的責任推到別人身上等等的把戲來往上爬。踩在別人頭上步步高升會使你所賺的錢淪為笑柄。這麼做得不到內心平靜，往往也得不到健康、快樂或家庭和諧。所剩下的只有用錢買得到的東西，而且不快樂的程度會比乞丐還強烈。

我跟班上的好幾個學員聊過，他們坦承曾多次投機取巧。現在他們想要重新開始，但可能嗎？等到他們得到唯一真正的財富，也就是誠實賺來的錢時，會不會還是受到罪惡感的折磨？

我向他們保證，唯有關上過往之門才能新生。必須把不誠實視為錯誤，甚至是災難，但是一個屬於過往的災難。

這個要點適用於很多情況。不一定是不誠實，其他任何過往有的負面心態都可以像你離開實體環境那樣，把它留在過往不要帶著走。

我告訴這些人，現在他們得要找出新的**自我**。過往**不能**陰魂不散。
例子世界上到處都有，人從本身的愧疚感或者甚至入獄了才學習到，不誠實絕對沒有好下場。然而教訓學到了就是學到了，而且絕大多數的人都會有足夠的時間和空間重新來過，可以邁向光明的未來。

我要提個例外，那就是艾爾・卡彭 (Al Capone)[2]。在大蕭條期間，這個惡名昭彰的黑幫老大開辦了免費的湯廚讓失業的民眾充飢。他喜歡拿這些湯廚來說嘴，以證明自己在對同胞行善。這是種笑柄，我說的當然不是這個。

我們要想到的反而是像歐・亨利 (O. Henry)[3] 這種因罪入獄服刑的人。這個過程最後肯定有助於他找到自我，因為他對人性有全盤深刻的了解，因而寫出許多動人的故事，他也就是在此之後才變得家喻戶曉。

關上過往之門並牢牢緊閉

我聽人家說過，人絕對無法真正從失去摯愛的人的打擊中走出來。誠哉斯言，因為人生的每個境遇、每個喜悅和每個悲傷都會影響到你走的路。但你的發展方式是充分掌握在自己的手上，千萬別忘了這點！

2 綽號「疤面」，美國知名罪犯，一九二〇年代芝加哥的黑幫老大，號稱地下市長，以智慧型犯罪見長。

3 美國小說家，任職於銀行時因錯帳問題而入獄；服刑期間認真寫作，並以此筆名發表了大量短篇小說，寫作特色以出人意料的結局最為讀者所熟悉。

我不是那種認為在死亡發生時不能哀傷哭泣的人。與生俱來的淚水和哀愁都是宣洩情緒的安全閥。但大多數的人都等了過久才關上哀悼之門，或者永遠都不關了。我們會說：「對於自己控制不了的事，擔心也沒有用。」但擔心死亡的時間卻長的離譜，即使從頭到尾都知道拿它沒法子。

肉體是來自空氣和土壤，並且會塵歸塵、土歸土。人的身心靈以及一些神祕的部分或許也會回到我們察覺得到但卻看不到的來處。由它去吧！當摯愛的人過世時，要懷抱的不是必然的痛苦，而是溫暖的永恆回憶。就如同生命是自然的過程，死亡也是。

你認為自己是否一輩子只會有一次轟轟烈烈的愛情，而且那份愛是封存在婚姻裡？人類的經驗證明並非如此。我雖然堅決相信婚姻，但我知道「婚姻」這兩個字不見得都能跟「幸福」這兩字畫上等號。你有幸福的權利，這是你的人生。當婚姻原來是場誤會，當它可以打破卻沒有打破，錯誤就會沒完沒了，並使下半輩子完全籠罩在陰影中。有時候必須把婚姻的過往之門關上，這段婚姻的兩造才能為人生找到某種成功。

過往的工作會為將來開啟新的門扉

假設你本身並沒有犯錯卻丟了飯碗，或是你對於前雇主待你不公深感憤慨，恨意至今難消。那麼在你到處找新工作的同時，有個東西會對任何一位你未來可能的雇主說不。是什麼在說不？是憎恨和憤慨的負面能量，從你的內心投射到了他的內心去。他說不出來究竟是怎麼回事，但感覺得到有事在困擾你，所以不希望有你出現在他的辦公室裡。

你要把以往的挫敗堅決地拋到腦後，以堅定的意志去找份比丟掉的飯碗更好的工作，任何一個面試你的人才會感受到「好人」的正面能量。在被問到前雇主的種種時該怎麼辦？絕對不要說他的壞話！壞事一定要讓它永遠留在過往，千萬不要讓它阻礙了未來。

工作似乎是累積怨恨的溫床。你當然有權生氣，再說任由別人踐踏也無助於成功或內心平靜。不過，許多人際關係的小傷純粹就是小傷，不需要當成重創來大驚小怪。

你的格局有多大？格局大的人才會成功。首先，格局大的人才看得出什麼是值得關注的大事，而不會把心緒浪費在芝麻小事上。當你看出心懷憤慨與怨恨對自己傷害多大時，每當惱人的小事一發生，就能把它送進過往。有時候不妨把事情講開，指出一個人是怎麼在傷害其他人，把陰霾一掃而空再重新開始。心懷怨恨是胸中的毒蛇、深藏的負面能量。不僅會讓它奪走了內心平靜，還助長了潰瘍和其他許多疾病的生成，使心靈連帶戕害到身體。把那扇門關上吧！

看到關上過往之門成為最棒的好習慣是奇妙又令人滿足的事。這麼做有助於掌握自己的內心，並襄助內心達到任何所企求的目的。

永遠多一分付出

經常有人要我給某人來點建言，好幫忙他把憤慨拋到腦後，多半都是跟工作和職涯有關。我認為最好的可行做法就是：**多一分付出**。

在同樣的薪資下卻做得更多、更好。對自己的工作和上層的要求深究到超越必須知道的程度。做事的方法要讓工作成效超越雇主對你的期待。

有個年輕人是一家大型印刷公司的估價員。他對鉛字體沒花太多心思研究，且覺得讓顧客一直使用慣用的鉛字體也就夠了。這使得他的工作比較輕鬆，但我卻對他直言，這完全無助於成為真正了解自身工作的人。

後來他去研究了鉛字體、字體在頁面上的排版方法，以及其他能為單面印刷傳單或宣傳小冊子帶來效果、甚至是增加美感的事。當他的老闆被客人稱讚「你們把東西做得很漂亮」時，老闆就知道這個年輕人為公司的聲譽做了什麼貢獻。這個年輕人現在成為公司的主管，以前他根本鮮少受到注意。這個年輕人也讓自己擺脫了挫敗的感覺，否則他將來可能會逐漸淪為薪水少得可憐、心靈卑微不堪的老人。

有個在乾貨店櫃台工作的女店員認定，她所拿的薪水和微薄的獎金就是為了做好一成不變的死板工作，把貨架上亮出來的東西賣出去，僅此而已。有一天，有位女士十分友善指名請她找一樣擺在倉庫很裡面的東西，她也發現自己很認真地在找。找到這樣貨品後，她覺得自己「內在的格局變大了」。此後，她必定都會推薦沒出現在客人視線內的東西，並接受客人專門的訂貨，即使自己只有薄利可圖。

不久後，她就有了固定的客群。為了讓她服務，顧客都願意等。此外，她在本業上累積的知識也使顧客很仰賴她的判斷。她現在是個專業買家，前方正開啟了輝煌的生涯。她說：「有兩個因素會使你成功：工作和自己。自己永遠是較重要的那個因素。」

當然，你不必等到覺得卑微渺小和不得已時，才來多一分付出！

願意做得比必須做的多是一帖興奮劑，這本身就是賺大錢的人、優秀的領導者以及快樂又有熱忱的人所具備的特色，他們天天都在為生活創造價值。

看到自己往上爬到了一階梯子、再往上方一階，以及前方有所回報的許多階，這個畫面就會深植在你內心，並激勵你往上爬。萬一遇到付出額外努力卻得不到回報的情形，具正面能量的內心就會找來勇氣與謀略。你會離開不適合自己的工作，把它送進過往，然後去找另一份由想像中的畫面轉變為現實的工作。從哪裡開始絕對遠遠比不上要往哪裡去來得重要，在內心裡好好構思並開始前進才是首要之務。

至高祕訣再次以多元的面貌展現出來。各位或許還無法用言語來形容，但隨著各位讀到本書後續的章節，它為各位帶來的助益會愈來愈強大。

每個磨難都埋著同等或更大福氣的種子

在遭逢人生的逆境時，看起來或許既磨人又充滿壞處。事後你會發現，每個所謂的不幸都埋著更大幸運的種子。為了有助於這股強大的動力為你的人生帶來奇蹟，一定要關上過往之門。只有愉快和有啟發性的東西才留下來。把鬱悶和痛苦拋到腦後，你就能看到未來，並把它緊緊握在手中。

對人生境遇的無窮變化保持警覺

不要認為經歷過一次失戀、錯失機會或其他不幸，就沒機會贏得以為已經失去的東西。世界上那些最偉大的人在邁向最終的成功時，都是屢戰屢敗。當人自認局勢對自己有利時，連障礙也會變成福氣。

滿口失敗就會招致失敗，滿口成功則會引來成功

失敗的人多半都會活在自己的失敗中，並且一輩子拖著它走，就跟囚犯拖著腳鐐一樣。失敗的人往往會嫉妒成功的人，而怨恨和嫉妒不僅會使他跟財富無緣，跟

內心的平靜也絕緣。每個年代都有它獨有的機會點。某個事業或許被貼上了失敗的標籤，但在能看見成功並且只談論成功的人手中，卻能讓這個事業起死回生，並賺進財富。

富有和內心平靜之間有明確的關係嗎？

兩者有密切的關係，但並非牢不可破。幾乎對每個想要獲得內心平靜的人來說，足夠的金錢都是必要條件，但財富也能讓不法獲利或用錢不當的人失去幸福。要用你的工作和財富來幫助他人。最重要的是，要確定自己不是踩著別人的頭頂爬上成功的階梯。靠不誠實來投機取巧會引發罪惡感，並足以摧毀幸福。即使如此，犯錯的人還是可以毅然決然地把過錯送進過往，把門關上，並朝偉大的成就邁進。

永遠多一分付出

尤其在工作上，怨恨和憤慨的情緒會損害內心構思與實踐的能力。多一分付出對於擺脫內心存在的障礙具有振起的作用。對工作的投入要超越所領的薪酬。隨時讓自己有資格晉升到上一階或上幾階。成功的人不會是心懷怨恨或者不全力以赴的人，而會是一言一行都在為更遠大目標鋪路的人。

03

創造財富成就與內心平靜的基本心態

平靜的內心所享有的富足人生，最常屬於那些保持正面心態的人。有了明確目標，你就能在自己的態度上加入強大的正面力量，並能利用明確的動機來維持自身朝目標邁進的行動力。同時，你還能樹立精神防衛讓自己維持高度正面的態度，避免各種動機產生干擾，並從其他同樣正面的內心接受好的訊息。

正開始逐步接掌世界的電腦是很複雜的裝置。但其中大多數的基本原理都簡單的不得了，就是在說是或否。不是把某個電閥打開，就是讓它關閉著。藉由重複這個程序，就能吸收並選取各種資訊。

人的內心比任何機器都要奇妙得多。不過，裡面似乎也有種是／否的開關，就位在思考的關鍵點上。彷彿是察覺到某個人生的境遇後，經由視覺、聽覺和其他的知覺傳遞到大腦，它就會出現在「是／否」的點上等著受理。持正面態度的人會從那個境遇中找出每個可能的「是」，並使它成為人生的一部分。持負面態度的人則會倒向「否」那邊，錯過許多美事，並與許多痛苦、有害無益的事為伍。

就只是心態嗎？就只是心態，但你是成是敗、內心平靜或緊繃、健康或容易生病，都是從這裡開始。

所幸任何人都有可能將負面思考修正為正面思考，進而從根本上把大腦調整成能接納人生中所有的好事。此外，造物主還賦予了我們某些「操縱桿」。一旦知道了那是什麼，你就很容易看出成功人士是如何運用這些操縱桿。

有些會在本章中介紹，有些則會在別章說明，以加深各位的記憶。各位會不時在本書中發現重複出現的人名、道理和方法，歸根究柢就是為了要幫助各位記住。

以明確的目標掌控你的心態

愛默生說過：「世界會為知道自己要往何處去的人開路。」

想想「知道自己要往何處去」是什麼意思！你就會自動把各種可能在你下定決心過程中潛入的恐懼和懷疑一掃而空。你的目的明確，所以在剎那之間，內心的無窮力量就會全部集中在這個目的上，心無旁騖。知道自己的目的後，就不會被跟目的無關的境遇或意見帶到岔路上去。以前在一天的工作中，有一大堆行動可能都是白做工。現在你的努力整隊完畢，因此心理或身體的每個作為便有助於其他各項舉措。

你可以看出這和獲致財富間的關係，因為把工作做好就是致富的基本要件。接著來看這和內心平靜間的關係。全心投入工作的人不會去挑別人的毛病、昧著良心在工作上投機取巧、猛看時鐘等，也不會因為任何可能冒出來的絆腳石而氣餒。正面又專注的心態會讓他保持在顛峰狀態來處理及克服問題。

這是「天才」的祕訣嗎？

我提過，很多極為成功的人士所擁有的聰明才智一點都不比普羅大眾要高。但卻這麼有成就，所以我們會稱這些人是「天才」。這些人肯定是靠著正面的心態，腦力雖然不比大多數的人要好，但效率與效用卻更高。我在和像是亨利．福特、安德魯．卡內基及愛迪生等人談話時，他們對我說話時內心不帶任何的恐懼或懷疑，因此做任何事都能心想事成。

我知道安德魯．卡內基深知正面心態的必要性，在同意要支持我尋求成功前，他對準我的心態，把我狠狠逼到了牆角。

這個老謀深算的蘇格蘭人，坐在桌子對面目光炯炯地看著我說：「我們談了很久，我也把年輕人若想功成名就、變得富有該如何把握機會告訴了你。現在假如我從兩百四十名應徵這份任務的人當中選了你，假如我同意把你引介給全美最出類拔萃的人士，假如我幫你取得他們的同意，和你合作來找出真正的成功學原理，你願不願意為這份工作奉獻二十年，且在此過程中自行謀生？我們討論夠久了，我現在要聽你的答案：要或不要？」

我開始想像所有在此路上會碰到的障礙，所有必須跨越的難關，所有必須花費的時間和寫作的大工程，以及那一整段時間的謀生問題，不一而足。

我花了二十九秒跟負面的心態掙扎，要是它戰勝了，所造成的負面影響就會改寫我的一生。

我怎麼知道自己才花了二十九秒？因為當我找到短暫失去的正面心態並答出「要」的時候，卡內基先生給我看了他握在桌面下的碼錶。他只給了我一分鐘來證明我有正面心態，否則就不會相信我是這種人。憑著短短的三十一秒，我打敗了截止時間，因而得到了注定要改變成千上百萬人之人生的機會，當然包括我自己的在內。

正面的內心會從其他正面的內心接收訊息

我接下了這份艱鉅的任務，並帶著自信把內心瞄準它之後，發現想像中的阻礙一下就灰飛煙滅了。我的正面心態不但幫我找出了大約五百位美國最富有人士的成功祕訣，還讓我過得比勉強餬口要好很多。我是天才嗎？我必須說，我可以確切地證明：並不是！

在拜會許多成功人士時，我發現了一件非常寶貴的事：正面的內心會自動從其他的正面內心那裡得到好處。

你懂得收音機播送的大致原理嗎？道理如下：當頻率快速的電力振波送進電線時，這些振波就會躍入太空。遠方的另一條接收天線則會把它接住，所以訊息或影像會傳送成千上萬英里，或說是太空時代通訊的成千上百萬英里。

人腦中有電流。等於是你的私家廣播電台，使你可以照自己的意思發出任何一種思想振波。讓那個電台忙著發出具有正面能量的思想、能造福他人的思想，你就會發現自己能從態度跟你雷同的其他內心接收到頻率相近的思想振波。

在拜訪那些成功人士和其他許多人時，好比說約翰．沃納梅克 (John Wanamaker)[1]、法蘭克．范德立 (Frank A. Vanderlip)[2]、愛德華．波克 (Edward Bok)[3] 和伍德羅．威爾遜 (Woodrow Wilson)[4]，我和他們都感受到了內心與內心之間的共鳴。否則當我邀請這些頂尖人士提供時間與經驗時，肯定會吃到閉門羹。這些人不僅跟我相談甚歡好幾個小時，還年復一年地充當我的老師和顧問，而且分文不取。

相信自己的所作所為，你也會看到自己的信念深深影響到那些你或許會請來助拳的人。要是懷疑自己，內心中的「否」字就會占上風，並帶來挫敗而非勝利。

這還不足以描述正面心態無所不在的力量。我們來看一些別的「操縱桿」，當它跟正面的心態結合後，就會為你帶來財富和內心平靜，並使整個人生都一帆風順。

行為的九大動機

法院的審判常常會考慮到動機的問題，這不是沒有道理的。你所做的一切都是某種或多種動機交錯的結果。雖然會交織出不同的組合，但我們可羅列出九種最基

1 十九世紀的美國成功商人暨百貨公司業的創始人，經營之道為誠實至上，並首創了退貨制度。
2 紐約國家城市銀行總裁，曾參與美國聯準會的成立。
3 荷裔美籍作家，其著名自傳《我的美國奮鬥史》曾獲一九二一年普立茲傳記獎。
4 一九一二年當選美國總統，一九一九年發起成立第一個國際政府間組織——國際聯盟，後因遭到美國國會抵制而以失敗收場。

本的動機。其中七種正面動機是：

一、愛的感受
二、性的感受
三、追求物質的慾望
四、自我保護的慾望
五、身心自由的慾望
六、展現自我的慾望
七、來生不朽的慾望

兩種負面動機是：

一、憤怒與報復的情緒
二、恐懼的情緒

你所做或忍住不做的一切都源自這九種動機。唯有把七種正面動機落實為日常的

生活模式，才能獲得內心平靜。擁有內心平靜的人絕少會動用到兩種負面動機或情緒。一旦對任何事或任何人心懷恐懼，你就得不到內心平靜。一旦產生那種使你意圖報復或傷害他人的憤怒，你就得不到內心平靜，不管表面上有多義正詞嚴都一樣。

偉人沒有時間可以浪費在損人的慾望上。要是有的話，就不會是偉人了。偉人免不了也會恐懼，但並不會是那種縈繞不去、讓生活失能的恐懼。從卑微的小人物身上，就能看到終其一生都在恐懼與憤怒是何種景況，他們的內心充滿了這些負面影響力，以致於找不出力量來打造自己所渴望的境遇。

最近我聽說，有個現年七十歲的人在十五年前因為投資不動產而把錢都賠光了。他聽從一個朋友的建議，借了一大筆錢來投資未開發的沼澤地，並認定這塊地過不了幾年就會變更為很搶手的建地。這件事並沒有成真，此人的票據也到期了，只好眼看著自己的零售鞋事業被賣掉。

慫恿他的這個朋友自己也虧了錢，儘管如此，此人還是對友人充滿了恨意，並說他會討回公道，「即使得拚到最後一口氣」。他差點就一語成讖。五年的恨意使他沒辦法東山再起。在此同時，那個朋友卻大展鴻圖，看不出任何一丁點遭遇過報復的樣子。這位虧掉錢的人到最後內心極為不平，必須待在鄉間一間被高牆包圍的房子裡靜養六個月。

不過在靜養的最後一個月時，他差不多身心都康復了，並聽得進諍友對他直言說，比起把錢賠掉，悢意和「加倍奉還」的慾望對他的傷害要大多了。他聽了勸，原諒了帶他投入不動產買賣的朋友。他甚至寫信給這個朋友，說明自己的心路歷程。

他回來做生意後，展現了對同胞的愛，並決心讓自己的內心充滿正面及有建設性的動機。在六十出頭時，他建立了新事業。如今七十歲的他相當富有，而且最重要的是，他得到了內心平靜這種不可或缺的財富。

我自己偶爾會受到負面動機所影響。一如上一章所提，當我在躲避黑道追殺時，一開始是出於自我保護這個非常明智的動機。但不久後，它就變成了恐懼，恐懼則帶來了折磨。所幸我及時看出了自己的狀態，明白這不可以再發生了。

讓十位指引天使守護你的內心

你不妨讓自己更熟悉一些個人指引及守護的原則；為求把這些引導變得具體和易於記憶，可以把它擬人化，想像是許多名全副武裝的指引天使站在你內心的門前。這些指引天使會盤查每個企圖進入的思想振波，讓你的內心保持正面、有效率地免於扞格。我來介紹一下我自己的指引天使群，各位或許會想把這份名單調整一下，以更符合你的人生需求。

☼ **內心平靜指引天使**。祂站在最外面的門，會盤問所有訪客，是否帶著平靜來共享我的平靜。假如不是，人就會被請回。

☼ **希望與信念指引天使**。祂只放行那些能讓我的內心相信人生使命並謹記不忘的影響力。

☼ **愛與浪漫指引天使**。祂只把那些能讓愛在我心中永遠滋長的影響力帶進我的內心。

☼ **身體健康指引天使**。祂知道哪種心理影響力會把健康毀掉，並且只容許那些有助於身體保持活力的心態進入。

☼ **財務健全指引天使**。當我要祂站哨時，除了能為我帶來具有財務價值的思想，祂都不會放行。

☼ **總體智慧指引天使**。祂負責把某些祂認為能造福我或有助於我造福他人的思想導入我的知識庫。

☼ **耐心指引天使**。祂會擋下所有不當的衝動，不讓我冒失、準備不周就去處理工作，在任何時候都不會失去耐心不肯等待。

希爾準則指引天使。「希爾準則」是我發明給自己使用、非常個人化的用詞。它是把某些名稱加以融合給我專用的，不見得能沿用到其他人身上。就是這樣，為自己專屬的指引天使取個名字吧。這個指引天使會跟其他所有的指引天使一起站哨。別的指引天使可能會不時輪休，例如，除了跟財務安全有關的之外，你可能根本不希望一直把所有的思想阻擋在門外。專屬的個人指引天使則是全年無休，祂代表的是所有個人專屬的影響力。希爾準則是我的首席天使，在我的隱形護衛家族中，沒有派給其他成員的勞務就是由祂來執行。

當你好好熟識了自己的精神指引天使大軍後，祂們就會把你全部的力量集結起來，以解決任何的問題或畫出特別的防線。

有時候我會發現自己在對某個人說話時，他的敵對態度開始侵擾到我的內心平靜。非常好，我會發出特別的警訊給內心平靜指引天使。祂立刻就會以雙倍的力量負責守衛，我則會平靜下來，並再次掌控自己的內心。

或者比方說，我覺得身體有些疼痛。我就會請身體健康指引天使來診斷病因，並得到理想的改善。我相信我所獲得的治療成效不能用一般醫學來解釋。

我的指引天使都會獲得一定的勞務報償。祂們的「薪酬」就是我無盡的感謝。

我每天都會為此感恩，先逐一感謝每位指引天使，再感謝堅強陣容的全體。你會發現，這樣的致謝大大有助於讓內心對本身的力量保持警覺。我知道假如我不小心忽略了而沒做，就會不知不覺遺忘了我的指引天使。當我再次想起，讓自己每天都體認到我有強大的精神隊伍供自己差遣時，祂們就會出現，並堅強如昔。

不要讓追求物質的動機和自由的動機相牴觸

身體的自由容易分辨，但內心的自由卻是很微妙的事。恐懼和憤怒會囚禁住內心，愧疚則會綑綁住內心。先為這麼嚴肅的事加點笑料吧：曾經有個人被鼓勵去**認識自己**。結果他立刻就把自己銬在床上，省得半夜起來會去洗劫自己的口袋。

追求物質的動機本身是好的，但往往會牴觸到**身心自由**這個同樣不錯的動機，因為一旦追求到物質，我們就會放棄內心的自由；我們會讓內心背負著愧疚與恐懼，只因為我們沒有誠實為人處事。

要知道，靠不磊落的手段占大眾便宜來賺錢的人，無法像童叟無欺那樣得到真正喜樂。當你遵守遊戲規則獲勝時，心靈會有所收穫；當你靠作弊獲勝時，你只是**稱它是**獲勝，但本質上反而是一敗塗地。

我認為自己很幸運，我的生涯在人生非常早期就展開了，所以相當早就學到了人生的教訓。我要把第一份工作時的經驗告訴各位。當時我剛念完商學院，對於生活之道和人性都缺乏經驗。

我的老闆擁有幾家銀行，他把兒子安插在旗下座落在偏遠鎮上的一家銀行當行員。一天晚上，該鎮有一位飯店經理打電話給我，說老闆的兒子出了狀況，但他聯絡不到老闆。我立刻搭上火車，並在隔天一大早就到了該鎮。

我來到銀行時，發現門關著但沒鎖。進去後，發現地窖是打開的，白花花的鈔票則散落在銀行的櫃台上。

我關上門，拿起了電話。我好不容易和老闆通上了話，並告訴他為什麼我會來這個鎮上，以及到場後看到了什麼。他憂心忡忡地說：「去把錢算一算。把帳簿結一下。要是有任何短少的話，就開張匯票給我。」

我靜下心來數錢。令我大感意外的是，一毛錢都沒少。

我坐在那裡，看著那些成堆的鈔票。我年輕時過得很悲慘、顛簸又貧困。我當時的經濟狀況只夠餬口。我坐在那裡，看著將近五萬美元的現金，知道我大可把至少其中一半放進自己的口袋裡，誰也不會知道。我老闆的兒子顯然出現了精神違常的毛病。大家都會認定是他拿了錢。他一副把自己的口袋塞滿了的樣子，我則是唯一知道他無辜的人。

追求物質的動機大力地蠱惑我。但心靈自由的動機卻說：**別這麼做**。或者應該說是有「東西」讓我保住了誠信，因為當時我對各大動機還無以名之。或許那樣「東西」是我在離家前受到了繼母某種薰陶的結果。她灌輸給我的觀念是，內心是由自己來掌控，而且我永遠都必須活出自己。

我毫不猶豫就把錢鎖進地窖，然後打電話給老闆，告訴他沒有差額要補；一毛錢都沒有被取走。我帶著平靜的內心走出了那家銀行，內心自由又陽光，很是快活。

自此之後，我一直都是把**心靈自由**的動機擺在**追求物質**的動機前。我成功賺到了一切我所需要的錢，而且從來沒有犧牲過身心自由。

有好幾段人生插曲使我直接跟安德魯．卡內基搭上了線，並實現了人生的目標，這就是其中之一。我的老闆很感激我如此周全地保護他兒子的名譽，後來設法讓我進了喬治城大學法學院。經由一連串的境遇機緣，才使我接下了訪問卡內基先生的任務。那天在銀行，假如我向**追求物質**的動機屈服了，「個人成功學」可能永遠都不會問世。

對，就像愛默生所說，在我們所有的交易中都有個無聲的夥伴。人要是企圖跟人生殺價殺得太兇，下場就會很可悲。

你自己的思想會反射回你身上

有位詩人說過，思想是實體，確實是獨立存在著。所以詛咒會回頭來詛咒你，祝福也會回頭來祝福你，這是透過偉大的人生之鏡來反射。另一位詩人則說：「我是自己命運的主宰，我是自己靈魂的統帥。」這也是真的，而且這兩則真理若合符節。從正面取向的心靈發出正面的思想，世界就會把愈來愈強的正面影響反射回來幫助你。

回頭看看九項基本動機清單，並請鎖定七種正面動機。或許這些動機有可能如我們所見的偶有牴觸，但大體上來說，方向是不矛盾的。而且在正面的心態下，會帶你走上想走的路。在本書結束前，我們都不會跟這些動機說再見，現在讓我們先再短暫關注一下。

愛無界限。要以崇敬來看待愛，因為它和不朽亦步亦趨。大方把愛分送出去，你所吸引來的就會跟你所付出的一樣多，甚至更多；不分送出去，你就得不到。其他的情緒、動機或慾望沒有一個是清澈若此的人生明鏡。

性是宇宙的偉大創造力。到至高境界時，會跟愛融為一體；但愛沒有性也能單獨存在。性的強大力量可以轉化為達成遠大目標的行動力，而且這點十分重要，所以我們在後面會用一整章來說明。另一方面，性也可能遭到放縱誤用。在這樣的面貌下，就會為人類帶來悲哀與困擾，並使自己背上受人唾棄的惡名。

自我保護在枉顧他人權益來追求時，就會變成負面的力量。它是由老天所賦予以幫助我們求生。即使如此，人類還是擁有超越它的特別能力。沉船時讓婦孺優先逃生，彰顯高貴人性的類似實例有很多。

展現自我是尋找自我的一環。它是人自由展現出自我的重要一環。因此，它正面、有建設性又無比珍貴。只不過想展現自我的手段一定不能貶損或傷害到他人。

來生不朽算是人類最早的信仰與動機。應該要用常識加以節制，你也得真實了解人相對於所謂死亡這種變化的關係。若是包藏在迷信和恐懼裡時，這種動機只會帶來不幸，會把人生貶抑成死亡前的準備，阻礙整個文明進步。

尋求內心平靜的可靠方式

尋找內心平靜最保險的方式就是，幫助最多的人找到它。

讓平靜內心在你運用所有激勵的力量時指引你，那你就會知道自己用對了，而不是亂用。

禱告能帶來內心平靜嗎？可以，而且理當如此。但要注意的是，有多少人是在內心被恐懼的動機所主宰的不幸時刻才禱告。在這種情況下，這必然是負面的做法，所以從內心平靜的角度來說，必然會得到負面的結果。

能帶來內心平靜的禱告是發自散發自信訊息的內心，即使那顆心或許正受到問題和悲傷所苦。能釋放出強大力量來解決問題的禱告出現在內心時，它知道只要找到了力量，問題就能解決，並且對這些力量的存在深信不疑。

除了我以外，也有很多人見證過某些人類尚無法解釋的智慧。我相信調整到正面的內心有時候可以接收到那種智慧。但透過禱告或決心來調整內心是必須由個人來為自己完成的事。當造物主讓人自由去追尋自己的命運，並可以在善惡之間作出抉擇時，也把這項特權交到了人手上。任何人在任何時代要建立起偉大成就都必須先有思想，才能將它化為現實。

你看出這個至高祕訣了嗎？

03 致富心法總結

當你保持正面的心態時，人生就會說「好」

人的內心比任何的電腦都要奇妙。但就跟電腦一樣，儼然是在「是」或「否」的門前處理許多的念頭。正面心態有助於你在每個人生境遇中找出每個可能的「是」。就算你目前是抱著負面的態度，也可以把它轉為正面，並讓人生迎向富足及有益的一切。

以明確的目標來掌控心態

成功的人對想做的事就能做到的信念從不會有任何懷疑。任何人在人生的任何階段，都能從這種改造內心的方法中獲益。讓內心專注在單一目標上，你看起來就會有「天才」一般的力量，因為內心的運作效率會大為提高。此時你會找到辦法來解決原本絆住你的問題，並排除掉一切障礙。正面的內心會從其他的正面內心收訊。透過這種內心的播送，你們就能交換無價的資訊和指引。

掌握為你掌控人生的各個動機

你所做的一切背後都站著七種正面動機和兩種負面動機。小人物會讓憤怒和恐懼這兩種負面情緒奪走內心平靜，使內心無法好好構思與實踐。大人物則會用七種正面動機來打造自己想要的人生。你可以召集指引天使站在內心門前，以防止負面影響力進入。當你派出這些精神指引天使後，祂們就會隨時準備因應任何緊急狀況，比方說像健康受到了威脅，以及日常的各種需求。

防止動機互相牴觸

追求物質的慾望可能會牴觸到心靈自由的慾望，而相較之下重要的是身心自由。只要把愛分送給別人，愛就會屬於你。性是一種創造力，不應該遭到放縱或誤用。對來生的信仰必須免於迷信和恐懼。展現自我和自我保護是重大的人類特權，只要對他人無害時就對你有益。所有的正面動機都會指引你，而萬一負面動機找上了你，也傷不了你，只要謹記：**尋找內心平靜的可靠方式就是，幫助最多的人找到它。**

04

免於恐懼就能活得自由

讓自己免於恐懼，你就能避開人造的惡魔。恐懼貧窮、恐懼批評、恐懼不健康、恐懼失去愛、恐懼失去自由、恐懼年老、恐懼死亡，這七大恐懼會互相助長。自尋的恐懼和自我保護所需的戒心要區分開來。為你的自信心開路，那是富足人生不可或缺的一環。

當你對什麼恐懼時，那樣東西就比較容易找上你並傷害你。

但如果你正視威脅，**知道**自己克服得了，此時神奇的力量就會助你一臂之力。

恐懼是最強大的負面動機，有如逆向的禱告。並不是運用到我們周遭的建設性力量，而是吸引到破壞力。本身變成了惡神，向人需索無止盡的痛苦犧牲。很少人會承認，然而令人苦澀的貧困可能完全就是植基於不間斷的恐懼之上。但你可以看到，這種事不斷發生在四周。

我要提到的第一種恐懼極具「磁吸力」。擁有得愈多，就容易吸引來更多。

一、恐懼貧窮

我偶有機會見到自己在一貧如洗的少年時期所認識的人，最近我也見到了他們已成年的子女。在我同時認識了父母和子女後，經常能看出一種家族式擁抱貧窮的頑固性。受貧窮折磨時振振有詞地恐懼、討厭、排斥，這種家庭只是任負面的情緒鈍化腦袋，磨掉勇氣。

在這個世界上最偉大的國家裡，到處都有源源不絕的機會，他們卻甘於活在匱乏之中。有的家人可能會擺出一些要讓自己脫貧的姿態，但結果總是虎頭蛇尾地虛晃一招。這或許是為了安慰自己的良心，好讓後半輩子可以把這種事蹟拿出來說嘴。但最糟的是，整家人都被制約成相信是上蒼要他們不富的！這當然必定就是恐懼的大絕招，把上蒼的旨意跟被迫害的念頭畫上等號。

貧窮但不喜歡貧窮是邁向致富的理想起步。但人得要拋開對貧窮的恐懼，而且要反過來把它純粹當作前進的那個起點。**讓你對逆境的瞭若指掌化為邁向順境時的支撐力量，以達到興旺，甚至是富裕。**

目前不得不錙銖必較的窘境使你感受到金錢的力量。缺乏生意資金的窘境可以使你恍然大悟，只要在借錢時付出合理的利息，就有很多方法可以從別人那裡拿到錢來運用。

要知道有很多教育是免費的，在某些領域自學可能好過上學，有一大堆資訊或許都能免費使用，工商業都展開了雙臂在起身迎接有意願努力的勞工。要知道我們的經濟體是如此龐雜，任何一種特殊才能都能找到用得上的地方；而且我們的經濟生活充滿了未被滿足的需求，也能由你來滿足。

我就不把眾多從貧困中展開人生的名人列出給各位看了。我們已在前頭見過了其中許多位，其他的也會陸續見到。**趕走對貧窮的恐懼，勇往直前吧。**

二、恐懼批評

你的內心有無限的力量可讓夢想成真，但得要讓心靈盡情發揮。很少有恐懼對內心的戕害會像對批評的恐懼那麼大，會在你開始前就阻止你。只不過是來自另一個內心或其他內心的影響，而且經常只是想像出來的負面影響力。滿腦子恐懼批評的人往往不會提出自己的想法，以免遭到駁斥，所以會失去想像力和自己的偉大天賦。

我們或許會一窺在專業領域獲得重大突破者的生涯，或許會驚歎他們能如何找到並有效運用自己的能力。同時也會看到許多他們必須克服的阻礙。但我們鮮少知道的是，這些人幾乎都遇過**唱反調的批評**。要是恐懼這種批評，並讓負評在內心生根，那他們構思和實踐的能力就會全部泡湯。確切來說，他們可能根本就對批評無感，否則他們的內心就沒有勇往直前的自由了。

當然，汽車也就「行不通了」。飛機也飛不起來，太空旅行也飛不出去。當亨利．福特準備以量產方式來製造汽車時，汽車顯然行得通了，但量產在當時看來這麼精密的裝置時還是遭到了訕笑。實驗室的新奇產物。沒有人能供應必要的汽油和橡膠輪胎，而且也無法保證駕駛人不管開到哪都買得到這些消耗品。還有，那些會令亨利．福特敬而遠之的銀行業者說，民眾根本不會去買這種量產而不是奇貨可居的高價品。每個獲悉福特計畫的人幾乎都基於某種理由唱衰它。然而因為福特太太說了一句：「儘管去做，別管有誰批評。」這份愛的支持力量肯定幫助了福特認識自己的內心，勇往直前。

再來，有個名叫亨利．藍德 (Henry Land) 的人替他的小女兒拍了張照，女兒好希望立刻就能看到照片。他解釋說，首先必須把膠捲從相機裡拿出來，然後到暗房裡用特定的化學藥劑沖洗。等底片洗好後，就要用強光把它印在另一種需要再經過化學處理的紙上；這樣影像到最後就能出現。

此時他無礙的內心站了出來。何不做一台能把相片一路到沖洗完成的相機？凡是對照相有概念的人可能都會告訴他一大堆為什麼行不通的理由，但批評並沒有阻礙拍立得 (Land-Polaroid) 相機的發展，完全做到了小藍德小姐所要求的事。

在純粹的思想領域，批評也會礙事。我在著手籌備「個人成功學」時，差點就被蜂擁而至的批評聲浪給淹沒。大部分的批評都是來自我最近的親戚，這頗令人吃不消。當時我無從說明讓我前進下去的力量，但我把內心擺在目標而非障礙上，而且我一直往前進。第一部實用的「個人成功學」幫採用的人賺到的錢比安德魯・卡內基全部的財富加起來還多，而卡內基非常有可能是全世界最富有的人。

聽取有資格建議的人提供建言是一回事，讓唱反調的批評鈍化自己強大內心的利刃完全是另外一回事。請注意這樣的批評有多少是來自凡事批評的人，尤其是對每個想成功的人都加以批評的人，失敗就跟其他類型的不幸一樣愛找個伴兒。**趕走對批評的恐懼，勇往直前吧。**

三、恐懼不健康

你或許認識不只一個人會把健康，或者更確切來說是不健康，當成主要的話題。

這種人寧可大談手術甘苦，也不提自己從中得到的好處，前提是確實需要動刀的話。他們每天一早起就會遍尋症狀，先從頭髮往下，再從腳趾往上，並且會找出許多生病的「明確跡象」來煩朋友。他們會買各種觸目所及的偏方，跟隨當年度各種健康潮流，結果到隔年卻又把那些說成那有害健康。他們鬱鬱寡歡；會幻想生病、恐懼生病，根本就是把病攬到身上，因為這就是內心的**負面力量**。

在我成年後所歷經的六十幾年裡，我很高興看到了醫生日益注重身心型疾病，就是心理所造成的生理疾病。但打從人類最早的歷史以來，我們的疾病顯然幾乎都是由內心的不平靜所引起。心理衝突、恐懼和壓力會導致的症狀，我僅列出一小部分就有這些：

頭痛	循環不良
消化不良	冷感
潰瘍	陽痿
關節炎	出疹、其他皮膚病
慢性疲勞	口腔感染
失眠	直腸疾病

傷口癒合緩慢　肌肉抽筋
腎臟病　不勝枚舉……

還有許多心理疾病多半是由在內心自殘所引發或加劇的，從極度緊張的壓力到徹底精神錯亂都是。身體和心理可能生的病幾乎列舉不完，所以要以此做為走向健康的第一步：不要老想著生病的畫面。內心會傾向於把所有相信的事都轉化為現實，那為什麼不把自己看成是從頭到腳再到頭都享有妥善安適的健康人呢？

就算你真的有一些病痛或受傷，也要平靜地認清只是人生中難免的倒楣事，你當然克服得了。此外，充滿信心與把握的心更能超越失能而看到痊癒和「是」的狀態，這尤其是醫藥所無法提供的輔助療法。是「構思」出來的，所以威力無邊。

「信心」是最佳的療法。「信心」是很棒的萬用藥，可預防疾病、治療疾病、培養對往後疾病的抵抗力、治癒力及養生。對自己的健康有信心，不健康就會像吃不到東西般地餓死。不要談到不健康，不要想到不健康。把信心反射在身體健康指引天使的畫面上，這位指引天使就會隨侍在側，讓你所向無敵。

要確切證明你已不再相信不健康這件事，儘量把藥櫃清空。**趕走對不健康的恐懼，勇往直前吧。**

四、恐懼失去愛

愛跟內心的平靜攜手並進的。真心相愛的伴侶經常會把這份愛反射到世界上，有如幸福的火炬。他們就像我們說的「屬於彼此」，在許多方面也的確如此。但撇開老生常談，你會發現屬於並不等於自私地擁有。真正愛對方的人不會用嫉妒的鎖鏈綁住另一半，因為這是恐懼，恐懼失去愛。真愛無懼。此外，愛也不能強求，而必須付出。一旦沒了付出，就不復存在了。

愛人變心不會是喜事，凡是逆境發生時，都不會是喜事。但如果像跟許許多多人一樣事前就恐懼在先，那就如同還沒死的時候便想像自己死去一樣有害。

某人的愛或許會改變，但愛本身永遠不會逝去。愛的能力會隨著心跳動。它會另謀出路，愛一個人永遠可以轉化成愛另一個人。

要知道始終會有另一個人。還要知道愛本身也可以昇華成偉大的成就和豐厚的功業。當查爾斯・狄更斯 (Charles Dickens) 發現自己在他的初戀中只是一頭熱時，這段戀情差點以悲劇收場。他把愛轉化成了作品，他最知名的作品《塊肉餘生記》(*David Copperfield*) 就是出自一顆破碎的心。

要愛得大方、愛得完整、愛得有心。當你駕馭它時，愛是善的偉大力量。可是當你被它駕馭時，它也能毀了你。你以為我這麼形容一切之中最崇高的情緒是在挖苦嗎？非也，我是依照本書的宗旨向各位說明人生本身的啟示。任何恐懼都會使你退縮並傷害你自己。**趕走對失去愛的恐懼，勇往直前吧。**

五、恐懼失去自由

我最近讀到，有個受刑人在服刑了一段時間後出獄。他找不到工作，因為很老實地說出自己是更生人。有段時間他無法回家跟家人團聚，因為他們信不過他。但他打從心底知道自己早已改過自新，並靠著默默的堅持在誠實的世界裡贏回了一席之地。

對於重新獲得謀生、規劃生涯以及擁有家庭與住所的權利，他表示了感謝之意。「但所有的福份都是奠基在一個更大的福份上。」他說，「我是自由之身。」

有成千上百萬人都知道，當整個國家失去自由時會怎麼樣。生活的必需品皆已齊備，也有許多奢侈品，但要是沒有說出內心話並活出自己人生的自由，其他一切不過是笑話。我想起有一群男女為了奮力來到我們這個自由之地，搭了一艘狹小的破船漂洋過海，有好幾次險遭滅頂。這艘帆船啟航時有兩根桅杆，在一次靠港時，為了購買存糧，他們賣掉了一根桅杆，但他們還是拚命向前尋找自由。

我知道有很多人大幅放棄了身心自由，他們還不如去坐牢或活在獨裁統治下。我也知道還有許多人一天到晚恐懼失去自由，使恐懼本身成了心靈的枷鎖，就跟任何一種恐懼沒兩樣。

當我說到身心自由時，我說的是基本的個人自由，而不是身體上的絕對自由。假如人人都有絕對的自由想幹嘛就幹嘛，那我們擁有的就會是混亂，而不是文明。內心平靜得遵循這個時代與社會的法令和習俗，也包括靜心看待任何短暫失去的自由。

不久前，我曾短暫失去自由而無法隨心所欲。一場輕微的流感偷偷繞過了我的身體健康指引天使，使我在床上躺了三天。我大可為了必須取消約會而發愁，但假如這樣的話，內心就會失去自由。我反而是平心靜氣地花時間來勾勒《心靜致富》這本書。它是我很久以來一直想「抽空做」的事。我再次證明了顛撲不破的原則，那就是**「每個磨難都埋著同等或更大福氣的種子」**。

時間的概念跟**自由**的概念很類似。時間就是財富，而和金錢不一樣的是，一旦失去就無法找到替代品了。有很多急忙赴約卻只落得空等或是塞在車陣中動彈不得的人會很焦躁地說：照自己心意支配時間的權利遭到了侵犯。我曾對推銷人員指出，在會客室所耗費的等待時間可以用來當作復習銷售技巧的時間，以便為銷售做足準備。或者在許多情況下，可以把時間用來觀察和傾聽，以藉此蒐集與顧客需求相關的有用資訊。對推銷員或其他任何人來說，被迫等待的時間都可以轉化成安靜放鬆的時間來讓身心恢復力氣。連駕駛人在塞車時，也可以藉此保持內心平靜與細膩度。而且往往就是在人有所警覺但並非全神貫注的情況下，內心的潛意識才會把埋藏已久的疑問或難題的答案反應出來。

內心平靜是無比珍貴的東西。現在把它跟前一刻所看到的句子聯結起來：時間就是財富，而和金錢不一樣的是，一旦失去就無法找到替代品了。然而，內心平靜對你的整體福祉十分有益，它幾乎一定會拓展你的人生，並助你一路到晚年都能保持活力與生產力。因此從另一方面來說，「損失」的時間可以找到替代版本，而且還會變成最寶貴的時段。

自由需有內心的平靜；內心的平靜則是基本的自由。我們有太多人成了時間的奴隸、存摺的奴隸、習俗和意識的奴隸。在你說**我是自由的**之前，看看你對於下列這些問題的回答是否為「是」。

❑當情況使我必須以規劃以外的方式來運用時間時，我是否了解自己的內心，並以有益的方式來使用它？

❑我是否訂出工作時間表，可以不用活在被工作淹沒、沒時間喘口氣休息的恐懼中？

❑當我找到表現自我的方法，並知道社會可以接受時，我是否會繼續用這種方法表現自我，即使別人或許會覺得有點奇怪？

❑我是否擺脫了任何對我生涯或私人生活造成阻礙的家庭、地區或文化習俗？

❑我是否願意質疑他人做事的方法，而且絕對不把「向來都是如此」奉為圭臬？

❑我是否明白自己工作不是為了錢，而是為了錢能買到的東西？

假如你對這些問題的答案皆為**是**，那你基本上就是個自由人，不會恐懼失去自由；你知道心靈的自由沒有人搶得走。

最後一個問題格外要注意。當我察覺到能讓人發大財的驅力後，我也察覺到有些富人並未擁有內心平靜。重視金錢跟到頭來會毀掉幸福的金錢崇拜絕不能畫上等號。記住，本書是在教各位要如何致富，同時得到內心平靜。

自由會向多方延伸。恐懼奴役的人就是使自己成為奴隸的人，因為他們會依此來調整自己的步伐，並知道自己已變得毫無招架之力。**趕走對失去自由的恐懼，勇往直前吧。**

六、恐懼年老

「我以前是個不錯的業餘游擊手。」有個七十五歲的人感嘆說，「然而，現在只要是時速超過一英里的滾地球，我就攔不住了。」

說這種話的人是典型的恐懼衰老，所以在應該是最有收穫的年紀卻體認不到內心平靜。對，年老是障礙，但只限於特定類型的體能活動。**老天拿走某些東西，一定會拿含有相等價值的東西來替代**。當老天把青春帶走時，會拿智慧來替補。年輕人不可能擁有熟齡人士所累積的智慧與經驗。在你說年紀大是壞處之前，仔細想想這點。

可悲的是，我看到有人因為年過四、五十甚至七十，就心生額外負擔。其實這些障礙只存在於他們的內心。他們表現出自卑的情結，任由年輕人的思想凌駕自己成熟並有經驗為後盾的思想。

他們為老去而感到不好意思，彷彿活到了青春不再時很不光彩。他們不冀望還能感受到進取心、想像力和依靠自己的衝勁，所以當然就觸摸不到這些所謂的「青春」特質。他們的表現彷彿是說，失去了年輕、有彈性的肌肉必然就意謂著失去了腦袋裡的本事。但唯有你希望如此，唯有你恐懼年老，這事才會成真。

最近我在好幾個城市開了一系列全新的課程，各種年紀的人都能來學習正面思考的藝術，以及如何利用它獲致成功。像我這把年紀的人竟然會創辦這種生意，這是不是很「怪」？只有對心有恐懼、罣礙的人來說才是。雖然操盤的還是我，但我可以請比較年輕、比較有體力的人來做「跑腿的工作」。事實上，對於這種操盤的工作，我可以做得比四十年前還要好。我在這方面的經驗可豐富了。我還擁有深厚的內心平靜，四十年前則沒有，因為當時我還沒有看透把人塑造成形的力量。

有很多人恐懼年老的部分原因在於，他們覺得老人勢必比較沒有參與各類事情。你參與不了這麼多社會上的進行式，於是有一些熟齡人士便企圖裝年輕，結果只是成功地引來了譏笑。

不一定要親身參與周遭所有的事，只要跟這個世界保持聯繫就夠了。每隔幾年，我們就會看到通訊方式的躍進，把全世界的大小事都帶進客廳。我年輕時的鄰居要是像現在這樣有機會知天下事，肯定就不會那麼無知與迷信。

但為了讓自己保有年輕的心，我邀請各位採用一套我覺得非常有用的步驟。每年過生日時，我都會把一歲扣掉，然後會特別留意對那個年齡的人有吸引力的資訊。如今我回到了坐二望三的年紀，重新熟悉了我在那個年齡的心態，以及很多目前正值二十多歲尾聲的這一代所在乎的事。經驗老到的優勢讓我看出去的視野具有雙重樂趣，我能同時以年輕人可能看待我的角度來審視自己。這種經驗既寶貴又趣味橫生。

去深究自己的豐盛經驗，讓自己對人性的了解更上層樓，找出並感受絕非遙不可及的正面力量。老年可以是人生中最棒的時光。**趕走對年老的恐懼，勇往直前吧。**

六、恐懼死亡

我父親曾試圖要我對煉獄充滿恐懼，因為他說那就是我死後會去的地方。事實上，他打算要使我滿懷恐懼。所幸它從來就沒有征服我，即使我們當地的教會對這種令人哀傷的信仰大加宣揚。

假如為了擺脫對死亡的恐懼，你必須揚棄自己的宗教，那就棄守吧。沒有人有權告訴你說，「他的」方式就是你死後得承受的方式。只要看看街上那裡有另一群人也被說服說，另一種方式才是唯一的真理之路，你或許就會跟我一樣，再次相信自己一輩子的所作所為絲毫影響不了「靈魂」會有的遭遇，或死後會到哪裡報到。但這不過是個信念，如此而已。

不過，這個信念大大有助於你在**當下**活出美好、有用、痛快且愉悅的人生，並享受每一刻。至於你對同胞真誠且造福他們，使他們或許也能像你一樣享受生活，這會幫助你內心平靜，也會幫助你事業成功。

在我整個人生當中，從來沒有在任何事情上尋求過任何人的意見，除非我有理由相信，別人比我要了解某個課題。我聽過許多關於人死後會如何的意見，但從來沒聽過任何人對這個課題有真正的了解。難道只因為不可知，我就要恐懼死亡嗎？

不，我會提醒自己，人生境遇有兩種。第一種是人可以掌控、修正或避免的那種境遇；這種值得花心思去注意。第二種是由人無法掌控的境遇所構成，死亡就是個最鮮明的例子。因此，我會竭盡所能地保持良好的健康與精神，避開明顯對生命不利的威脅，並盡可能合理地運用自我保護的動機。但至於老是把死亡掛在心上……為什麼要去擔心無法掌控的事呢？

你希望能在死後把自己的財產留給所愛的人？非常好，這點可以掌控。我們不要唬哢自己，認為我們不會死。但要認清事實，接受死亡無可避免的想法，並且不要企圖偷看我們無法看透的布幕後面藏著什麼，你就能無所畏懼。內心會從死轉向生，從否轉向是，從臆測轉向現實。趕走對死亡的恐懼，勇往直前吧。

人生來就是為了完全保有自我而活

不管是誰創造了人類，祂都讓這種奇妙的生物擁有了其他任何生物所無法共享的東西，那就是擁有自己的內心。除此之外，不可知的造物主還讓人懂得恐懼，因為適當的恐懼是自我保護的方式之一。人在叢林小徑遇到老虎而且手上沒有武器時，理當感到恐懼並立刻採取自我保護的措施。

同樣地，在任何本身帶有危險性的境遇中，我們也會小心行事。大家都希望駕駛們在開車時能注意交通規則，小朋友則被教導在過街前要左右看路。不過，自找的恐懼則是另外一回事。人的內心顯然也需要懂得打理自找的恐懼，否則內心就發揮不出強大的創造力。心理學的研究和常識性的觀察在告訴我們，自找的恐懼既不健康又有害。

完全保有自己的內心後，就能讓自己免於這種恐懼。當你讓自己跟人生產生了適當的聯繫，就不需要這種恐懼，也無從受到它的折磨。我再說一次：假如為了擺脫對死亡的恐懼，必須揚棄自己的宗教，那就勇往直前把它棄守吧。同樣地，假如為了擺脫對死亡的恐懼，必須不遵從當地的民風，那就勇往直前地叛逆吧。假如為了擺脫對死亡的恐懼，必須捨棄某些人的關照，那就勇往直前地謝絕這些人的關照吧，並同時認清世上到處都有人會成為你更好的員工、更好的顧客或更好的朋友。對於任何食物裡可能會有的有毒質物，你都會採取激烈的手法來清除。所以對於恐懼這個內心的有毒物質，也該要比照辦理。

恐懼是人造的惡魔。

信心既是打敗這種惡魔的「人造」武器，也是創造勝利人生的「人造」工具。而且還不只如此，它可以連結上宇宙無比的力量，支持著相信失敗和打擊只不過是短暫經驗的人。

至高祕訣再次對你招了手。等我最後把它確確實實地交到你手上時，你就不會感到驚訝了。

04 致富心法總結

恐懼有如逆向的禱告

正面的禱告會使我們吸引到自身以外的正面及有益力量，恐懼則會使我們吸引到負面與破壞的力量。你所恐懼的任何事傷害你的機率會比不恐懼它時要高得多。這點尤其適用於對貧窮的恐懼，會消磨掉把貧窮拋開時所不可少的勇氣，無論你家已窮了多少代。

你的內心有無窮的力量可以讓慾望成真

如果要讓有益的慾望成真，你的內心就必須運作無礙。面對批評的恐懼，連聰明過人的人都會一蹶不振。有很多成功人士必須克服我們所知的障礙，但也必須克服我們難以想像的批評。而在深怕會成真的負面願望中，最普遍的就是我們通常會否認自己擁有的願望：不健康的願望，是奠基在對不健康的恐懼上。有一大堆病痛都是由一顆恐懼的心自殘所造成。信心則是最佳的保健品和療法。

只有恐懼能奪走你的愛和自由

真愛不是占有。即使你的愛被拒絕，你愛人的能力依舊存在。而且恐懼不該妨礙你轉而向另一個人示愛，因為愛不能強求，而是應付出。自由也是存在心裡，而不是取決於外在的境遇。即使外在的境遇顯示一個人是「自由的」，但他的心裡也可能已失去自由。自由是很璀燦的東西，你應該要深究自己的人生，找出哪些地方可能早已失去自由，且已被替換成恐懼的奴隸。

年老的歲月可以是人生的最佳歲月

老天總是會彌補任何它所帶走的東西。交出生理上強大的年輕衝勁，我們所得到的是只有年紀給得了的智慧與經驗。現代科技有助於我們跟世界保持聯繫。每年過生日時把年紀扣掉一歲，你會得到年輕人與年長者的雙重觀點。不要去否認死亡的事實，沒有人知道無法看透的死亡布幕後面藏著什麼，凡是我們無法掌控的境遇，完全不需恐懼。無論有多老，都可以讓自己忙於生活，讓死亡的恐懼在你的內心找不到立足之地。

05

你要操控金錢，還是被金錢操控？

凡是會奪走內心平靜的東西，就是在奪走人生中最大的財富。你可能會因為太急於追逐金錢，或不懂量入為出而過度消費，因而失去了內心的平靜。透過具建設性的工作所賺到的錢，是最可能使你受益的錢。讓年輕人不必透過工作來認識人生是個錯誤。任何人都能存到錢，你為了存下一定比例的收入所花費的心思，會使你真正了解金錢的價值。儲蓄也能幫你隨時做好準備，抓住稍縱即逝的機會。

我在探詢許多年輕人的觀點時，鮮少發現他們會珍惜金錢，尤其是那些還沒賺到大錢的年輕人。這點其來有自。沒錢會讓生活困難重重，因而非常有可能摧毀內心的平靜。

所以年輕人會追逐金錢，很多時候就是毫不手軟地賺多少花多少。假如他已成家，家人就會一起幫他花錢。不過，若是成功的人，多半不用等到非常年長就會懂得在扣除必要開銷後，在銀行戶頭裡存下一些錢。這些錢可能會用於投資和買不動產之類的。

要是他真的是個正面思考的人，很快就會擁有為數可觀的財產與金錢。而在不知不覺中，就會通過一道隱形的界限。此時他擁有超過所需的可觀存款，就這點來說，很**富有**。毫無疑問地可以實現任何合理的慾望。所以他的財務記錄顯示他很富有時，他的內在與非常私密的記錄應該也會顯示出，他擁有內心的平靜。

假如是他操控了金錢，就會擁有內心的平靜。假如他是被金錢所操控，那就不會擁有。

激起大水花的人可能就是落水的人

「大水花」是指大肆炫耀個人的金錢財富。我在前頭已經大方承認過自己的錯誤，那就是在卡茲奇山莊的那段日子裡，我曾激起了大水花。相當幸運的是，在它對我造成無法挽救的傷害之前，我就把錢敗光了。並非人人都會因大肆炫富而陷入危機，有的人似乎因而春風得意。有的人則招搖得不得了，他們顯然是落水了，他們的心靈快要溺斃在錢海中。

幾年前，有個賺了好幾百萬美元的人突然破產。律師在清點他的資產時，發現有個大倉庫裡堆滿了珍貴的骨董家具和珍奇畫作。全都屬於這個破產的人，而且他當初購買的時候都是付現。可是他有好好欣賞過嗎？這些珍品大部分根本就沒開箱過！不過，他卻喜歡誇耀自己的珍藏，使自己聽起來就像個名副其實的大財主。這種聚財癖跟懂得平靜的內心就有如南轅北轍。

恐懼自己的錢會被奪走的心態

恐懼貧窮有個奇怪而醜陋的堂兄弟，那就是富人恐懼自己的錢會被拿走，或是無法把錢累積到自己可能會用到金額的十倍、二十倍、三十倍！

可口可樂公司獲利驚人，我曾經認識它的一位大股東。他的生財管道很多，身價約值兩千五百萬美元。他的內心平靜嗎？他的內心充滿了恨意與猜疑。他最恨的是政府。雖然當時八十好幾了，但他總是預言說政府會把他逼到窮死。

我最後一次見到他時，他問了我一個最關鍵的問題：「假如換成是你，你會做什麼來保有內心平靜，並把自己的錢留下來？」

為了自己內心的平靜，我決心不跟這個人起爭執。但假如他問我的問題真的很直接，他所得到的回答也會很直接。即使如此，此時我還是先問他是否要我有話直說。「是！」他說，「當然要！」

「好。」我說，「假如換成是我，若想要內心平靜，我就不會把錢留下來。你的內心平靜和你的錢已經變成了敵人，無法共存。假如我是你的話，我會先把所有的錢拿去買美國儲蓄債券，發揮它的價值造福所有民眾。接著我會把這些債券全部丟進壁爐，放火把它燒了。當我看著自己的錢化為輕煙時，等於是看著自己一大堆不快樂化為灰燼。」

我的朋友喝斥說：「別開玩笑了！」

「我一輩子沒這麼嚴肅過。」我回答說，「假如我擁有你的財富，它卻奪走了我內心的平靜，那我會先把錢放在能得到妥善分配利用的地方，然後把會提醒政府欠我錢的每個記錄都燒掉。接著會上床熟睡得跟個孩子一樣，醒來時就會覺得平靜又自由。」

我並不指望這個人能聽進我的建議。直到過世那天，他都是活在恐懼和酸楚中。而且我相信，在死前拖累他很久的病痛是根源於他的愛，不是對人的愛，而是對金錢的愛。

只有對極少數的人來說，把錢燒掉會是個好建議。但這是個放諸四海皆準的原則。沒有任何東西能珍貴到可以跟內心的平靜相比擬，絕對沒有。能體悟到這點的年輕人寥寥無幾，有些人是隨著自己累積了更多的經驗而體悟到，有很多人則是從來沒有體悟到。記住，你可以同時擁有金錢和內心平靜，但假如金錢或其他任何東西阻礙了內心的平靜，那就選擇內心的平靜，把另一樣給放掉。

要注意的是，我無意拿我朋友對政府的抱怨來說三道四。他的抱怨在某些方面或許言之成理。我所評論的是他的態度，恐懼和猜疑的態度，他明明至少抵得過二十五個百萬富豪，並可做一大堆事來讓自己和別人快樂。

一個人需要的錢是多少？

安德魯・卡內基肯定是牢牢掌握住了生財之道。到晚年時，他最殷切的期盼就是把這些「招數」傳授給普羅大眾。卡內基先生是最早開悟的實業家之一，他認知到財富普及對一個國家而言有多重要。

他體認到，從物慾的層面上來說，有數百萬美元就算是富有了。他也體認到，從事理上來說，擁有數百萬的人總是例外的少數。他體認到，「數百萬」、甚至「一百萬」的目標並不適合絕大多數的人。對很多人來說，這樣的目標會造成壓力，因而失去內心平靜。可能會捨棄掉太多作為人該具備的品格，到最後一無所有。他一再告誡我要把這點釐清楚，而我是全力以赴這麼做。

所以一個人需要的錢是多少？

要多到使他和所愛的人能保持在他認為十分舒適的狀態，並買得起足夠的奢侈品，這樣才會覺得自己嘗到了人生的甜美滋味。

以此為目標，隨時保有內心平靜，這樣就能把自我調整到可以充分將自信心展現出來。而且你看！從這樣的調整中，人反而常常會找出超乎夢想的賺錢之道。對這樣的人來說，多出來的金錢絕不會是詛咒。他知道要怎麼生活，所以也懂得要怎麼拓展人生。他從不想欺騙別人，所以也知道要怎麼幫助別人。

想要千億美元的人

我有個學生曾從印度一路飛來找我晤談。首先他寄了封信給我說，他人生的主要目的是把財富累積到亨利．福特的一百倍之多，差不多就是一千億美元。他想要富可抵過十萬個百萬富豪。

等我們總算坐進了我的書房裡，我問他想拿那筆不算小的錢來做什麼。遲疑了一下後，他坦承說：「老實說，我不曉得。」

我說：「這樣的話，一個人擁有一千億美元就會對世界造成威脅。但我們撇開這點不談。假如你想要用這筆錢來幫助家鄉印度的人克服使他們受困了好幾個世紀的迷信和不合時宜的習俗，那我對你就會有一些認同。在我看來，你想要這些錢只是為了贏過亨利．福特。」

他想了一會兒，坦承確實是如此。我幫助他探尋了自我，他體認到自己在使用「個人成功學」時「亂了套」，因而失控狂奔。凡內心所能想像的，內心就能在現實中把它確實建構出來；但我們說的是安穩的內心。討論自己的實況後使他體認到，百萬美元的四分之一就能讓他買到真正想要的東西。明白了這點後，這位從事進口業且壓力緊繃的生意人終於放鬆下來，覺得自己感到好多了。

這個故事的結尾出現一個我不相信真的是巧合的「巧合」。在此人回印度前，我幫助他拿到了好幾份在他家鄉販售美製產品的合約。他的獲利最後加起來剛好比百萬美元的四分之一多了一點點。

對你最有益的金錢，多半是來自對你有益的工作

在上一章裡，我所闡述的觀念是，人可以確保自己的金錢和財產在死後是交給自己所選擇的人。和死亡本身不同的是，資產的贈與是可以掌控的。

你會賺到錢；等你賺到時，請小心不要讓遺產奪走繼承人內心的平靜。

據說有錢人的兒子多半拿不出父親那種本事，這點其來有自。我相信很多有錢人的兒子都是因為繼承了父親的金錢而失去了這種本事。概括來說，「老爸」是為了自己的錢而工作。當錢賺到手時，也一併培養出了自己的眼界、能力、對人的了解以及對世界的理解。他的富有並不是父親給的，他的富有是工作給的。

現在我們來看富二代。他一輩子都活在金錢以及金錢所買來的眾多舒適感當中。他知道自己會繼承一大筆錢。假設他有遺傳到努力工作的意願，這個意願會有什麼下場？在許多情況下，會被不勞而獲的意願所取代，使他永遠都學不到這一課基本的人生道理。

大筆的財富或像樣的財富只有在用來造福他人時才是福分。當父親剝奪走了兒子的進取心時，就無法使他獲益。當立遺囑者使受益人不必工作時，就無法使他的人生得利。你可能會希望庇護自己的繼承人免於貧窮的困境。這固然很好！但除此之外，不要用金錢之牆來庇護他們的人生了。讓他們有無價的機會可以憑藉從人生中得到的智慧以及有建設性的工作來創造出更好的人生。

我在年輕時當過一位有錢律師的祕書，他的兩個兒子比我年紀稍長。這兩個年輕人去念了維吉尼亞大學，於是每個月負責分別為他們開一張一百美元的支票當作零用錢就成了我的任務。在那個年代，一百美元能買的東西是現在的三到四倍。我真羨慕那兩個孩子！

我在就讀商學院並學習要如何自謀生活時，常常是餓著肚子，因為口袋裡根本沒有半毛錢。我清楚記得自己曾站在商店前面巴望著能買一些六個一毛錢的蘋果。到最後，我進去拜託店家讓我賒一毛錢，直到我念完書開始賺錢時再還。這就是我在按月開立這些闊綽支票時的回憶。

不久後，我老闆的兒子拿到文憑回家了。他們回家後也過慣了輕鬆的日子，不太清楚工作是怎麼回事。他們有遺傳到父親那般能幹嗎？我們永遠不會曉得。其中一人在父親的銀行裡被安插了一份不錯的工作，另一位則在父親的一座煤礦場當經理。

十年後，他們完全敗光了父親的財富，還讓他煩出一身病來。

我從此不再羨慕任何人，何況羨慕並不是內心平靜的一部分。我在回顧過往時，很感恩自己必須承受像商討一毛錢長期賒借這樣的經歷。而且我很感恩的是，在開始賺錢時，我的賺錢能力成了實現自我的一部分。我更高興的是，當我犯錯賠錢的時候，沒有富爸爸來扶我一把，因為我在逆境中才找到了明師。

我的《思考致富》一書大概有七百萬個男男女女讀過。在它出版後的二十年當中，我有機會和其中一些人交談。我看到有些人用這本書幫助自己變得真正富有，但有些人只用它幫助自己在金錢方面變得富有。該是時候把人生的十二大財富再提一遍了：

一、正面積極的心態
二、健康良好的身體
三、和諧的人際關係
四、生活免於各種恐懼
五、對未來成就的期望
六、滿懷信心
七、願意分享個人的幸福
八、把喜愛的工作當成職業
九、對所有課題抱持開放的心胸
十、在所有境遇中都能自律
十一、了解他人的能力
十二、有足夠的金錢

以上是可以且應該會隨著內心的平靜而來的財富。要注意的是，我把金錢擺在最後一位，儘管我堅持要是沒有足夠的金錢，要擁有內心平靜就會非常困難。我這麼排序是因為，你會自動看重金錢。因此，我必須不時地提醒你不要過分強調它，且要記住：**金錢可以買到的東西很多，但買不到內心的平靜，它只能幫助你找到內心平靜**。除非你是從內在展開這段旅程，否則金錢或其他任何東西都無法幫助你找到內心平靜。

賺取收入的基本步驟

有人跟我說過，當一個人沒有錢多到得讓他擔心會誤用時，拿誤用金錢的危險來警告他就沒什麼意義。假如我寫書只是為了談要怎麼賺錢，那我會聽從這個建議。本書還要告訴各位該往哪裡去，以及等你到達時世界會是什麼樣子。它有助於各位從一開始就建立起正確的態度。

不過，既然我們清楚地指出了這些態度，並且會一提再提，我也會列出一些實用的方法來讓沒什麼本錢的人可以開始創造財富。這些方法本身全都很具體，也幾乎都能隨你修改成類似的版本。你在看的時候，可以隨時停下來把這些方法應用到你自己、你的天賦、你的環境，以及最重要的目標上。

一、讓別人藉由幫助你的事業來幫助自己的事業

有個年輕的壽險業務員對把保單推銷給一個家庭的戶長感到力不從心。但他把這個困境當作跳板，想去了解為什麼無法把保險成功賣給同樣這些人，不是以他們身為戶長的角色，而是以身為生意人的角色。畢竟從家庭預算中撥出錢買保險是筆花費，但若是投資在生意上的花費則有機會把花掉的錢賺回好幾倍。

他從鎮上頭號餐館的老闆開始。他向這位仁兄指出，他不妨好好宣傳一下，他賣的餐點既健康又營養，所以來餐館吃飯的人可能會比較長壽。餐館老闆說確實是如此，他也想確保店裡的水準能維持得長長久久。保險員說很好，並把其餘的計畫解釋了一遍。餐館老闆打算祭出優惠，替每位常客投保一千美元的壽險。在細節訂好之後，這項優惠使得餐館的生意蒸蒸日上。不用說，當然也幫到了年輕的壽險業務員。

他把這個觀念擴大推展到一些加油站、大型賣場和其他更多地方。我無從確知就是此人想出了把壽險加進抵押貸款裡的概念，使買主萬一身故還能還清抵押貸款，

但他肯定也充分運用了這個點子。

現在停下來想一想：你要怎麼樣才能讓別人藉由幫助你的事業來幫助他們自己的事業？

二、教導他人如何才能讓錢財發揮更大效益

這點並不是說要把自己訓練成商業顧問，讓其他人找你學習要如何讓錢發揮更大的效益。我們主張的是，起心動念的必須是你。

有個人是這麼做的：

此人在雜誌經銷商從事低薪工作時，注意到了印刷其實有很多不同的種類。就跟本書所提過的另一個實例一樣，他注意到有很多印刷工作可以做得更有品味、更有型。

這個年輕小伙子發現，不管是哪一種工作，大部分的工作其實都能做得更好。要記住這點，因為靠這個想法就能賺進財富。

這個年輕人進一步在印刷上多花了一些工夫了解，然後找上了一家大型印

刷廠。他和對方講好如果他能帶進印刷業務，就可拿一成的佣金。接著他找上了會發包印刷品的大戶，並收集了許多以前的樣品，帶回家研究。

他挑出兩、三份明顯有改進空間的小冊子後，聯繫了接案的商業設計美編為每份冊子設計出版型試樣，並保證若案子接成就能領到不錯的酬勞。有一位有空餘時間的廣告文案也以同樣的合作模式貢獻了自己的專才。此時經過改進的理想「雛形」一出來，年輕人便帶著這些小冊子的試樣去發包這些文宣品的公司，並直接讓他們看到前後版本改進的幅度有多大。

現在我們來探討一下此案例中發生的一些實用心理學。

首先，個人或公司可能幾乎永遠都會固守著一些「得過且過」的條件、流程或產品。他們或許並不明白自己在得過且過；就算真的明白，不是太忙或就是因為太懶而毫無作為。

有個人跑出來讓你對現有的事物感到不滿，同時教你要怎麼樣做得更好。而且該做的事情也全幫你統籌規劃好了。那何不好好利用一下呢？

現在停下來想一想：你要怎麼樣才能教會別人讓自己的錢發揮出更大的效益？由此再延伸：你要如何透過某種方式來幫助別人，讓他的錢發揮出更大的效益，並使他往後也一再仰賴你來告訴他？

三、為生產者和消費者牽線

農人向來都要大費周章才能把農產品送進市場。試想有座孤立的農場位在山區的鄉間裡，道路泥濘不堪，馬車是僅有的交通工具。儘管如此，農人還是必須把農產品運到鎮上，於是他便得想盡了辦法。

在我們的經濟體裡，每種東西都是和其他各種東西息息相關。汽車問世後，道路必須改善，於是道路就改善了。現在農人可以將農產品運載得比以前遠五到十倍，並照樣在當天晚上回到家。很快就有人想到，可以在城鎮間設立交易中心，並利用日益增加的車流帶來客人，而農人也非常開心能源源不絕地供貨。

農人以往所仰賴的雜貨小販也許一年才來兩次，而且有時候是背著大袋子步行而來。把袋子攤開在廚房的桌上，小販把針線之類的東西賣給農人的太太，把菸草和魚鉤賣給農人，而最重要的則是帶來消息。人們以往多渴望能得到一些消息！小販一定比農人有錢，因為他們善用了為生產者和消費者牽線的重大功能。

農人想要買賣馬匹時，多半是靠仲介幫忙。仲介會協助雙方談妥價碼，然後請雙方握手把買賣定下來。仲介賺的錢通常也比農人多，因為他為生產者和消費者牽了線。

最近我讀到了蘇聯消費者的抱怨。他們顯然要花沒完沒了的時間在各個食品專賣店前面排隊。他們到最後或許會採用美國的觀念，靠方便的超市來為眾多的生產者和廣大的消費者牽線。

這場商品交易上的革命創造了財富，尤其是把超市和占地廣大的停車場帶進了郊區，甚至是遠達偏遠鄉鎮。有很多看出要如何搭上這股風潮的地主則連帶受惠。

有位女士獨自住在二十畝泰半被矮松占據的貧瘠土地上，最後她決定賣掉老舊的家園。鄰居嘆口氣告訴她，她絕對賣不了多少錢。當地一家不動產商則給她出了個可憐的價碼。

不過，這位女士也是一位完全看不出有任何理由不該在內心保持警覺的老人（以年紀來說）。她告訴自己，她的農場一定有「某種」用途。她決定花三十天來密集調查，到底荒蕪的農場還有什麼用途。三十天結束前，她就發現可以把它賣掉作為馬場的用地，搭配上草地和舒適的騎道，價錢會是不動產商出價的兩倍。

但她也研究了當地的幾家超市，並斷定她的農場會是不錯的超市地點。最後她以不動產商出價的五倍賣給了超市業者。

當道路鋪設好，汽車往來變得輕而易舉時，有人便預測郵購公司將會消失。畢竟當可以親自去商店購物時，為什麼要靠型錄下單購買？不過，像席爾斯 (Sears)、羅巴克 (Roebuck) 和蒙哥馬利沃德 (Montgomery Ward) 這樣的公司卻依然欣欣向榮。

儘管郵資不斷上漲，成千上萬家郵購業卻是一片榮景、無所不賣，從書籍、家具、醃製品和新鮮食物、維他命、休閒裝備、船上用品等幾乎應有盡有。

為什麼會這樣？因為時代或許會變，但人共通的需求永遠會持續下去。只要讓人了解到在訂購單上填入姓名和地址再郵寄出去，他想要的東西保證很快就會寄達，這將是持續為生產者和消費者牽線的好辦法。

有時生產者會把東西直接賣給消費者。但最常見方式是消費者向把零售視為自身職能的中間商購買，或是向製造商的業務代表購買。

現在停下來想一想：你要怎麼樣才能為生產者和消費者牽線？

你賺到的錢應該要留一些在身邊

我們當然還沒有把賺錢的話題給談完！各位甚至可能會覺得，我把這個話題草草帶過對它有失公允。但我建議各位把前面三點重讀一遍，看看自己能想出多少種做法。這三點放諸四海皆準。可以加以延伸，不用太一板一眼，你會發現可適用於形形色色的經營情況和林林總總的機會之中。要注意的是，這並不專屬於任何特定的技藝或技能，前頭舉例中所提到的領域都很容易讓你舉一反三。

各位會發現，看看自己在做的事有多少件可適用於這三類，這是很有趣的練習。假如你願意撇開自己的工作不談，把自己當成消費者，你肯定就能「適用」！關於其他能幫助努力工作的人賺錢的原則，我們會有所更多著墨。

我們還是來談金錢與內心的平靜。

欠債太多的人沒有一個能奢望擁有內心平靜。你或許會有個片刻平靜，但債務不時會進入你的意識，你會覺得自己不像是自己的主人，心中有一塊仿佛是屬於別人。我這裡所說的並不是平常那種要是沒有就根本做不成生意的企業信貸，而是指個人債務。

把一部分的錢存起來可以成為一種手段，有助於你避掉個人債務發生時造成的不確定感和隨之而來的窘境。但存錢對你的作用不單單只是把存下的錢拿出來花。存錢會讓你養成依照需求來衡量金錢的習慣。它有助於提醒你，金錢的好處只是因為它能買到財貨與勞務。同樣有助於你從財貨與勞務的角度來衡量自己的需求。

存錢的習慣會把浪費的習慣一掃而空。當習慣使存錢成為需求後，有很多人就會發現，自己拿一樣的薪水還是可以過得跟以前一樣好，即使有些物價上漲了也一樣。為什麼會這樣？因為他不再將一把把的鈔票用在不需要或瑣碎的東西上；他買東西會更謹慎；會把衣服和其他的家當保存好一點。會搞清楚要怎麼樣讓金錢發揮出最大的效用。而且不會為了做到這點讓自己陷入貧乏，只為了讓銀行戶頭提升進帳。他會繼續照著平日的水準來生活，並發現自己還是能存到錢。

存下的錢該怎麼運用才好？並沒有一體適用的答案。

我看過也聽過許許多多的例子是，用小額存款來投資前景看好的小生意，而有一個例子甚至用不到兩百美元。這些投資有的回收了好幾十倍。你當然不能指望一定能這麼幸運，但切記，**當機會出現時，有存款的人才能利用那個機會而不必借錢，不必使自己負債**。

有一對年輕夫妻養成了「定時」購物的習慣。他們一直在負債。有一天，他們把所繳的利息錢拿來一算，太太便說：「以後絕不這麼傻了！」這對夫妻要請朋友來家裡玩，需要新的橋牌桌外搭四張椅子。但太太說，坐在地毯上打橋牌也挺好的，不再為此舉債了。他們稱之為「土耳其橋牌」，結果也玩得不亦樂乎。

這次的經驗使他們遠離了一些不鋪張似乎就招待不起的朋友，並結交了重友誼而輕排場的朋友，這才是值得交往的朋友。他們還開始把每週的收入存下十分之一。

有一天，他們把錢放在口袋裡去買東西時，才發現了商品交易的這個重要真理：商品以現金交易時會賣得更便宜。

此外，既然不再負債又有了積蓄，做先生的便覺得自己更輕鬆和篤定了。這件事也在工作上幫了他的忙。他被老闆找去約談，老闆隨口問了他有沒有在當地的哪一家銀行存錢（純粹是「你有沒有儲蓄？」的另一種問法）。這位年輕的先生自信而肯定地回答出老闆心中的正確答案，因此獲得了升遷。**存錢是人格的指標，因為它跟人的企圖心和打理私事的能力大有關係。**

我曾經幫助一個人開始存錢，即使他說自己絕對不可能做得到。首先我們訂下了目標，那就是要買一件帥氣的獵裝。這買得合情合理，因為他在上班和休閒的時候都可以穿。價錢是二四．九五美元，以現在的物價來說，花同樣的錢早就買不到同等好的外套了。

接著我要這位仁兄記下他所花的每一分錢，為期兩週。我們一起把清單看了一遍，對話差不多就像這樣：

「你能不能一星期少抽兩包菸？」

「行。」

「與其一天花一毛五擦鞋，你能不能花一塊錢去買擦鞋用具自己擦鞋？」

「行。」

「你的午餐能不能不要花超過一塊錢？」

「不行，我都是跟很重視吃的人一起吃飯，而且……」

我告訴他，我跟亨利．福特吃過一頓午餐。我點了三塊錢的龍蝦沙拉，這位億萬富豪則點了三明治，他的帳單加起來是八毛五。福特先生並不是守財奴，他只是個格局夠大、夠心靜的人，覺得自己可以想吃什麼就吃什麼。

這個眼前存不了錢的人於是堅決地說：「我會把午餐的費用壓到一塊錢。行！」

「好，說了三次的『行』，你一星期至少替自己省下十塊錢了。」

「一星期十塊錢！」他嚇了一跳，接著便若有所悟。不必靠我來全程監督，就戒掉了其他許許多多浪費錢的小額花費。他發現自己現在以更有意義的方式過得更好，而且也存到了錢。

不管你缺不缺錢，我都建議你把自己的花費清單列出來。想想所能減少或去除的花費。記下每週的金額並把它加起來，想想那個總數，問自己那筆錢在一週、兩週、一個月、一年後能替你買到什麼。

這個經驗很重要。以下是一份範例清單：

經過一章又一章，你對於至高祕訣將會愈來愈熟悉。

擦鞋 ______	元
抽菸 ______	元
喝酒 ______	元
臨時起意的娛樂 ______	元
賭博 ______	元
呆帳 ______ 元（你是個冤大頭嗎？）	
額外的打扮 ______	元
美食 ______	元
小計 ______	元
只有你才會知道的東西 ______ ______	 元 元
小計 ______	元
總計 ______	元

05 致富心法總結

你要操控金錢，還是被金錢操控？

一旦賺到了超過所需的可觀盈餘，你應該就能同時享有財富和內心平靜。假如是你操控了金錢，就能擁有內心平靜。但假如你是為它所操控，就不會擁有。有太多人只是為了炫耀性的消費花錢。有太多人則是擁有成千上百萬元，卻活在失去它的恐懼中。假如金錢或其他任何東西阻礙了內心平靜，那就選擇內心平靜，把另一樣放走。

對你最有益的金錢，多半是來自對你有益的工作

人對於舒適狀態和世上的奢侈品的需求應該要夠多才行。以此為目標，並對自己保有自信心，不要拚命賺到自己所能花費的好幾倍，你所賺的錢多半就會遠遠超出預期。當父親把兒子丟進錢堆裡，使他不用靠踏實的工作學到人生的重大教訓時，就無法使他受益。對於人生的十二大財富全都要用心經營，並且要知道，通往財富的旅程必須從內心展開。

賺取收入的基本步驟

賺取收入的方法之一是，教別人如何才能藉由促進自身的成功來幫助你成功。其二是，教某人如何才能讓他的錢發揮出更大的效益。還有就是可以為生產者和消費者牽線，做法不一而足。賺到的錢應該要隨時留一些在身邊。債務會奪走你內心的平靜。除了錢安穩擺在銀行以外，存錢是還可以帶給你許多好處的習慣。

如何開始養成存錢的習慣

任何一個缺錢的人幾乎都能杜絕不必要的小額花費，不讓那些再造成負擔。如此一來，你多半會找到更好與更有趣的方式來享受人生。你可以過得跟以前一樣好，因為你打理金錢的能力變強了。存錢的能力是不錯的人格指標，老闆也知道這點。把你在某段期間內所花的每一分錢列成清單，你的總花費會讓自己嚇一跳。把這個總額存下來，就能去買目前看似不在財力範圍內的東西，或者把它當成付現金享受優惠或者掌握未來投資機會的手段。

06

分享財富的幸福藝術

分享財富會創造出更多的財富。而且除了金錢，可以分享的財富還有很多種。現今的百萬富豪本身就指出了，任何人都能成為百萬富豪，因為現今的財富無所不在，並造就出了許許多多的機會。當你在自己的家裡分享財富時，就創造了基本的和諧。而對於你所做的一切，它都會增添成功與內心的平靜。從現在開始分享你擁有的東西，等到坐擁千金時，你就會更明智地分享金錢，並造就更大的利益。

你會賺到錢。假如不讓負面的觀點拖累自己，你會在致富之路上暢行無阻。沒錯，你會賺到為數可觀的錢。錢是透過與你本身令人讚賞的努力而來，錢要花在值得的慾望上，錢要花在幫助別人上。

你在建立財富時，會一面形塑人格嗎？各位現在都知道，這不全然是「另外一回事」。賺錢的力量以及了解自己內心的力量，和是否能功德圓滿地實現自我，可說是息息相關。

我們又要來探討一項跟致富以及擁有無比的內心平靜相輔相成的技巧。以分享金錢來說，你可以把這項技巧看成是屬於未來的資產。以分享其他形式的財富來說，你現在就可以擁有這項技巧。運用它，並把它變成自己的為人方式。人生是依照神奇的補償律在開展命運。你把手上有的東西分享出去愈多，回到你身上的就會愈多，而且往往是好多倍的回報。

付出必然會有回報

洛杉磯新英格蘭人壽保險公司 (New England Life Insurance Company) 的愛德華·裘特 (Edward Choate) 是我的一個得意門生，在二次世界大戰期間，他決定幫忙政府銷售戰時債券。[1] 他把八成的時間都拿來做這件事，而且沒有直接的薪酬可拿。

此外，他還花一成的時間來輔導和訓練可能會和他產生直接競爭的對手，也就

1 美國財政部發行的儲蓄債券，在戰爭導致資金短缺時，政府就會以此債券來向企業和個人集資。

是其他的壽險人員。在這件事情上，他既沒有開口要、也沒有領到薪水。他所剩下的一成時間才是用來賣壽險，以便養活自己。

有人或許會認為，奉獻掉九成工作時數的人會毀了自己的事業。咱們來瞧瞧。壽險人員要是一年能簽下價值一百萬美元的保險，就會被認為相當厲害。在有戰事那一年的頭三個月裡，愛德華．裘特所簽下的保單，價值就超過了一百五十萬美元。其中大部分都是在他自己的辦公室裡簽下的，要保人則是自己跑去找他、主動請他處理申辦的壽險。在他把九成的時間奉獻出來時，這些人可沒忘記他所從事的正職是什麼。

裘特先生付出了自己的時間，卻從來沒有暗示想得到任何回報。但補償律就是這樣運作的，付出必然會有回報。各位或許會想從這個角度來看：每次和別人分享自己的福份時，你就成了他的債權人。而債終究會還。不管怎樣，債都一定要還。

最珍貴的禮物之一就是「指引方向」

你能送給任何人最珍貴的一種禮物就是「指引方向」。教別人要怎麼凝聚自己的力量，並匯集往他想走的路上，你為他所做的事實上比給他一百萬美元還要多。為了興建免費圖書館，安德魯・卡內基拿出了好幾百萬美元，希望能藉此推廣各種知識，並提升國人的整體知識水準。除此之外，他還促成了由我貢獻一己之力所完成的「個人成功學」。

我這一生最大的獎賞就是看到我的《思考致富》一書被當成值得推廣的理念分送出去。有人送了好幾百本給他人，其中一位就是裘特先生。他經常把這本書送給用膝蓋想也知道不會成為他壽險客戶的人。他送書給別人是因為，這書可幫助他們找到了自己。這麼做無疑為他帶來了生意。這本書無疑幫助了許多人能夠買得起自身需要的壽險。

我還有一個學員在搬到加州的奧克蘭時，身上的錢加起來還不到兩百美元。他把一半的錢拿去買了《思考致富》，並把書借給鄰居，只要求他們把書借個一星期就好。等歸還的時間一到，他就把書取回來借給下一個人。後來他告訴我，他分享自身理念的習慣為他帶來了什麼樣的好事。

他說：「當我開始把你的書借出去時，心中並沒有其他的目的，只單純想跟鄰居交個朋友，把這一套廣結善緣的理念介紹給他們。」

「差不多就在那個時候，我用一台小鑽床開起了機具店。一些看過《思考致富》的鄰居很快就開始幫忙宣傳我開店的消息，以及我「盡其所能地付出」的理念，後來生意便開始湧入。我從來沒有花過一毛錢打廣告，也從來沒有向任何人拜託過一張訂單。」

最後要提的是，此人在店裡擁有了價值十萬美元的設備，並淨賺超過一百萬美元。他說：「我這輩子所聽過的任何道理都比不上這個！」可是當你的耳朵聽得懂關於付出的偉大藝術時，你就會聽進去。這並不是新觀念。古往今來的偉大哲人都曾指出，如果我們奉獻出一部分的財富，或是金錢、時間、服務、不經意的行善，尤其是愛的話，我們也會收穫豐足。

送給自助的人

凡是身價破百萬的聞人，都會遇到數不清的名目向他需索金錢。他知道這些請求多半都是來自不會把錢花在刀口上的人，更無法奢望他們會以任何對自己生涯有所助益的方式用錢。他知道無法把這些要求都仔細篩選過。他若是把大筆的錢捐給慈善機關，或是捐助基金會，事情往往會簡單得多。

靠工作致富的人都知道，金錢的可貴之處在於它的用途，而不是數量。不管金額是一毛錢還是一百萬元，這點都同樣適用。

喬治亞州瑪莎貝里學校 (Martha Berry School) 的瑪莎・貝里女士有一次找上了亨利・福特。貝里女士想要為學校募款，但福特先生拒絕了這個要求。

她回答說：「那您可以給我們一袋花生嗎？」

福特先生便出錢買了一袋生的花生給她。

她的學生是住在山區的孩童，在他們的協助下，貝里女士把花生一種再種，並把收成賣掉，直到把原本那袋花生變為六百美元的現金為止。後來她回去找福特先生，並把六百美元交給他說：「你看到了我們在用錢上有多務實。」福特先生把六百美元交還給她，並附上約兩百萬美元來興建一棟雅緻的石材校舍。如今這棟建築為喬治亞州聖貝里 (St. Berry) 瑪莎貝里學校的校園增色不少。

福特先生很少會送這種禮物。經驗告訴他，送給學校的贈禮往往是由不太實際的人負責處理，通常不具備卓越的經商（或農耕）概念。在瑪莎・貝里的有生之年，福特先生的私家車每年都會在學校附近的鐵道旁出現一次，因為福特夫婦他們固定會到訪。

當代的大富豪亨利・克朗 (Henry Crown)[2] 來到美國這個國度時，還是個立陶宛的貧窮移民，如今則是龐大通用動力公司 (General Dynamics Corporation) 的頭號人物。克朗先生為一項計畫投入了大筆資金，教導懷有抱負的年輕人要如何運用資本。他在不少學院都成立了八千美元的基金，每年由經濟系大四學生拿這些錢來投資。每屆賺到了錢，盈餘就由全部學生均分，基金則原封不動移交給下屆同學。

財富會創造出更多財富

一大筆錢握在一個人的手上，所創造的財富通常不如把錢流通出去來得多，但前提是流通錢財的人對創造財富有興趣。

人的幸福與內心平靜取決於他是否分享各種財富。用「愛情」關係並不足以準確形容買賣之間的生意關係；可是當「服務自家同胞」的概念進入這層關係時，有很多對雙方有利的東西也會跟著進去。亨利．福特說：「從我們的組裝線出廠的每輛車都帶有一點點我的心意，對於我們所賣的每輛車，我的思考角度都不是它能讓我們賺到多少錢，而是它可以為車主帶來的效益。」愛迪生說過：「我所完成的發明從來沒有一件不考慮它所能為別人帶來的效益。」

一門生意應該要為顧客帶來物超所值的產品，這並不是新觀念。歷史不斷證明，這樣做能同時創造出好生意及好顧客。不過，企業主和員工的良好關係則不是行之有年的事。如果我們仔細想想，雇用上千人的企業出現才不過是這幾代人的事，這點就再自然不過了。員工是企業主賺錢之所賴，遺憾的是，在雇用的過程中，有很多勞工並沒有被好好對待。

在過往的歲月中，我們也見過那些企業海盜，他們從未想過要把員工幫忙創造出來的財富和員工分享。他們在紐約、紐波特（Newport）[3]或棕櫚灘（Palm Beach）[4]大肆炫耀自己的財富，這些人可能對這個觀念嗤之以鼻，但社會需要有大量薪資優渥的人才能消費更多的商品、過得起更好的生活。

百萬富豪如今大為增加了。過去十年間有五千個新興百萬富豪在報稅單上自行宣告了這層身分。而且我也提過，現今的百萬富豪似乎不想引人注意，以往的有錢人則是巴不得昭告天下。對於我所列舉出的一些當代百萬富豪和千萬富豪的名字，大部分的讀者可能聽都沒聽過。

現今的有錢人似乎也不打算建立起明確的階級，讓窮人不敢奢望翻身。亞瑟．

2 美國中西部百萬工業富豪，曾擁有帝國大廈。
3 位於美國羅德島州。
4 位於美國佛羅里達州。

達修（Arthur Decio）靠建造和銷售活動屋賺了這麼多錢，套句他的話：「今天想出人頭地要比十五或四十年前容易多了。看看人口的成長和個人所得的大幅提升……這個國家遍地都是機會。」

確實如此，而且要不是財富分配的情形比以往要好，有許多的機會就不會存在了。雇主看到了讓員工有參與感對自己、對民眾以及對社會的價值。資本主義的社會在在證明了，這是創造極大財富與讓財富普及的最佳方式。

「個人成功學」的勝利

萊圖爾諾公司（R. G. LeTourneau Company）是一家大企業。幾年前，我接到過去的學員所打來的電話，他在裡面擔任主管。「麻煩趕緊來幫我們一下。」他說，「我們遇到了困難，只有你搞得定。」

當我抵達萊圖爾諾的工廠時，我才知道是共產勢力靠著工會的掩護把手伸進來了。公司想要讓員工對這種「主義」免疫，並知若能把危機平息下來，大夥就會明白哪種生活方式對自己最有利。

他們問我怎麼收費。「或許不用收費。」我回答說，「照我的意思來做。假如我擺不平你們的麻煩，那就不收費。假如我把共產勢力成功消滅，事後我就會告訴你們怎麼收費。」

條件就這麼說定了。我在廠內擺了張吊床，而且日夜都在那兒值班。

根本的問題有兩個面向：首先，大夥不明白公司是如何把他們所創造出來的財富回饋一部分給他們。其次，沒幾個人理解這個概念：藉由正面的心態，靠自己的力量就能使自身的能力倍增。對貧窮和其他負面事物的恐懼在他們之間蔓延開來。相信財富與幸福，以及相信每個人的力量都能為自己贏得財富，並創造出自己的幸福，這點則被負面思考逼退。

在這樣的氛圍下，只要播點不和的種子，懷抱共產思想的幹部就能讓這些人相信，他們的未來最好要交到別人的手上；他們應該要甘於淪為某種經濟機器裡的一個齒輪；擁有信心與抱負的人挺身而進是一種錯誤，這也是帶著負面心態的人多半不會跟進的事。

在與共產份子抗衡時，我從來不提到他們，反而是傳授「個人成功學」，而且只需要傳授這個就夠了。在很短的時間裡，萊圖爾諾的員工就看出了自己的內心有多強大，強大到別人無從或不該替自己打點。他們看出了工作的真義，以及工作除了一天三餐外還有某種目標，也看到真心想要達成抱負的人會得到的獎賞。他們體認到，有錢人並不是天生擁有超凡的本事，因此該做的就是找出自己出人頭地的本事，並且好好發揮。

我成功了。我開出自己的薪酬，也立刻就拿到了手。八個月後，公司還調高了我的酬勞。因此，當人明白財富並不需要從別人身上奪取，而是要靠自己服務他人來賺取，並且可以靠本身正面喜悅的內在動力來快速增加時，結局就必定會如此。這是真正的財富，同時也會增進內心平靜。我不曉得萊圖爾諾的那些人後來發財的有幾個，但我知道他們極可能會把財富的真實面貌銘記在心，並願與別人分享。

在自己家裡分享財富

從一個人的家庭概況中，你就能看出他的不少事來。生活得好的人不是光精通某個行業的訣竅，他所持的家裡通常沒有哪個人在當「老大」，而且裡頭會有真愛與真正的分享。

我曾去過有錢人的家裡，看到太太必須拜託先生給她足夠的錢讓去買她所需的衣物。我也去過窮人家裡，看到每次買東西夫妻都必須討論，以免沒有剩錢可買食物；結果貧窮的家庭因為分享的氣氛反而還快樂一些，即使缺錢的事實令人心酸。

有時候有人向我諮詢婚姻問題，我會乾脆建議他們離婚。給出這個建議基於很多理由，而且我敢向各位保證，理由都非同小可。我注意到在這類的案例中，缺乏分享的能力一定都榜上有名。在婚姻中，任何一方讓任何程度的拒絕分享成為習慣的話，都注定會引起更多的麻煩。

你會賺到錢，等你有錢時，一定要讓太太擁有可照自己的意思花用的私房錢。以金錢本身神聖不可侵犯的意義來說，這並不是「她」的錢，因為假如你在財務上遇到了困難，在健全美滿的婚姻裡，她也會把錢分享出來。如果你承認太太是個本身有自主權的人，這就是「她」的錢，因為她是你的伴侶，而不是佣人。

我聽說過很多從美容院裡流傳出來的八卦，多半都不離婦女從先生身上攢錢的巧妙方法。不少人是必須趁著先生睡覺時從他的口袋裡摸幾塊錢出來。有的人則是瞎掰要施捨或捐獻，或者騙說要幫孩子繳「學費」。顯然有很多婦女是為了要維持一個像樣的家，而不得不出此下策，因為除了僅夠餬口的錢，先生就不願意多拿一點出來了。

另一方面，有很多婦女坐在美容院座位上時都透露說，她把買家用品的零用錢輸在打麻將或是這類的消遣上，所以不能向先生坦承這種事。輸掉的很少是大錢，打麻將也不是罪過，對先生不坦白才是真正有害的事情。

這樣的婦女經常講說：「假如你知道我先生會發多大的脾氣，你就知道為什麼我不能跟他講了。」所以糟糕的局面是一個巴掌拍不響。雪上加霜的是，有很多先生從來不告訴太太自己賺多少錢、會花多少錢去喝酒，或是打牌輸了多少錢。

大體上來說，當男人表現出自己願意分享時，女人在天性上就會熱切地和他貼心地分享。在男人應該要和太太分享的訊息上，名列前茅的就是他的收入，以及這些錢是怎麼賺來的。

男人在外面賺錢時，女人通常都待在家裡或在住家附近。男人下班回家後，女人便希望先生多聊一些外面的事。聰明的男人會記得向太太一五一十地說明自己所做的一切，自己把時間花在了哪裡，而不必由她來盤問這些訊息。這帶有性的含義，因為太太可能會沒來由地心生妒忌，尤其當男人的工作並不是一直得坐在別人視線範圍內的辦公桌或工作台前的話。

分享才叫婚姻，不分享乾脆就獨居好了。

回想一下我們在上一章所討論到的九種基本動機。為了喚醒各位的記憶，我再列於下方：

七種正面動機

一、愛的感受
二、性的感受
三、追求物質的慾望
四、自我保護的慾望
五、身心自由的慾望
六、展現自我的慾望
七、來生不朽的慾望

兩種負面動機

一、憤怒與報復的情緒
二、恐懼的情緒

有人說過，統治世界的實際上就是前三種基本動機：愛、性與金錢。我不會說這話百分之百正確，但卻頗能反映事實。男人不把所有的生活真正跟自己的女人分享時，就無從得知性與愛結合時的最高境界會產生的魔力。可是當男人與這兩個動機為伍時，八成就會像個強大的發電機，若再和第三種動機串連起來，他賺的錢會愈來愈多，也因而得以把愈來愈多的富足與太太分享。

你的存在沒有哪個部分可以自外於其他部分而活。當你在某方面成功時，這就會幫助你在其他各個方面也成功。最特別的是，當你在家裡擁有內心平靜時，就能指望到哪裡都擁有內心平靜。

我要說點自己的小故事。在我的人生中，換輪胎曾經是件會讓我完全抓狂的事。但現在假如我開車行經一望無際的鄉間不幸爆胎時，我則會乖乖把輪胎換好，一點也不會激動。以前我雖身強體壯，但那時在開車時，身邊並不像現在這樣有我愛的女人相伴。

人人都能分享，並靠分享而得利

當陌生人在街上把你攔下來問路時，你肯告訴他就等於在分享所知。不必家財萬貫就能做到這點。假如你極具善良的秉性，就會非常仔細地向陌生人描述，也許還會帶他走到下一個轉角把路給指出來。

即使最窮的人可以分享的東西也很多。在某些方面，窮人可以分享的東西和有錢人一樣多。愛和善良肯定就是其中兩種。

我會建議三種很普遍的分享方式，而且幾乎任何人都做得到。你或許用不到下文所提的特定情況，但這些將可讓你敞開心胸，感受分享金錢以外的更多可能性。

一、分享你的特殊技能或知識。很多人都擁有某些賺錢的特殊技能或知識。我們都習慣販售自己的技能。現在可以想個辦法來「奉獻」這種技能，而且不要求回報。

在某個大城市的貧民區裡迫切需要興建一間少年會館。建造經費是由一個知名基金會提供，但要不是有一些人奉獻出自己的才能，會館絕對蓋不成。有律師自願出力草擬管理文件和其他必要的公文。有木匠安裝了一些更衣室。有油漆工奉獻出一己之力，領著志工們把室內漆成活潑的顏色。還有泥水匠在某個入口砌了條水泥坡道，好讓身障少年進得來。

二、藉由消弭已出現的裂痕來分享。甲先生把割草機借給了還沒有時間去添購器具的新鄰居乙先生，這是兩家敦親睦鄰的起點。但過了一陣子，局面看起來似乎是急轉直下。

乙先生把草割完後，在歸還割草機時，有一片刀片上出現了大缺口。甲先生注意到了這點，並婉轉地表示乙先生的草地裡一定是藏了些石頭，所以刀片才會產生缺口。新鄰居則大剌剌地說，他把割草機借來用時，刀片早就有缺口了，說完掉頭就走。

由於缺口又新又亮，因此這根本說不過去。然而，甲先生並沒有多說什麼。他把和新鄰居的互動減少到只有在街上遇到時才點個頭。

一天，乙先生推來了一部全新的割草機，並把它交給了甲先生。「希望你收下。」乙先生說，「是這樣的，我知道自己弄壞了刀片，可是當時我並沒錢修理。我應該要早點說出來，可是我並沒有。現在我的經濟情況好轉了，除了單純把刀片修好，我還想多做些彌補。」

許多非金錢的債務就是會這樣連本帶利地償還！但遠比割草機本身要來得珍貴的，則是兩家從此以後所營造出的融洽氣氛。

三、**分享肯定與欣賞**。留意自己在作為某種角色時有多常受到禮遇，例如顧客的角色，你會得到特定方式的對待。現在把情況反過來，換你去禮遇別人，你會發現那會是種無限大的分享。

你可能在大熱天裡把車駛進了加油站。服務人員擦著額頭的汗水衝過來想要趕緊為你服務。你尊重他本身也是個有血有肉的人，於是便說：「慢慢來就好。太熱了，不用趕。」下次你再開車進來時，他就會記得你。

假如你是雇主或領班，你有個部屬在工作上表現得十分優異。有很多雇主或領班會說，部屬拿薪水就是該把工作做好，這有什麼好誇的？聰明的上司則會專程地告訴員工說，他的好表現有受到了注意。當人表現得好時，對於任何給他肯定的人，都會回應出善意，以後也會盡力把工作維持在高標準。

你發揮許多善心，提供許多無償的服務，而且在大部分的情況下，會看不到回報。切記，回報永遠都會進入你的內在，因為當你奉獻自己時，就會讓自己更壯大。還要記得，當你這麼做時，補償律「永遠」會對你有利。我們到後面會更深入來探討補償的神奇。

想辦法分享自己的財富。千萬不要問：「是什麼財富？」在分享時，你會發現你比自己所想像的要富有。分享金錢以外的東西，等你有很多錢的時候，就能更精準地分辨出人性的需求，你的錢也會為分享的人帶來額外的好處。

至高祕訣就像是半掩的寶藏，你可能一天經過上百次也沒有去留意，但你的眼角餘光卻有看到。

06 致富心法總結

付出愈多，得到的回報就愈多

連奉獻掉九成工作時數的人都還能因此致富。當你和別人分享自己的福份時，你就成了他的債權人，而債終究要還。你也可以分享理念形式的指引，這能帶來內心的平靜與眾多的財富。對自助的人付出，是一種極具建設性的付出。

財富會創造出更多財富

當買賣之間的關係包含了「服務自身同胞」的觀念時，雙方都會受益。有很多早期的企業主都竭盡所能地壓榨員工，福利則是能免則免。如今財富較為普及了，這有助於創造出更多的機會給大眾。百萬富豪不再企圖大肆炫富，有錢人日益增加，而他們也不再自視為與眾不同的階級。

創造出自己的財富，就能創造出自己的幸福

有很多受僱階級既不明白自己分享到多少他們所創造出的財富，也不明白要如何透過正面心態的力量在人生中創造出無窮的財富。有錢人並沒有窮人可望而不可

及的天生本事。每個人在自己的內心裡都有其偉大之處，能把偉大之處發揮出來的並不是靠外在的力量，而是靠他自己。

在自己的家裡分享財富

生活得好的人通常用愛與分享來維繫自己的家庭。當夫妻間不肯分享時，麻煩就會上門。當男人表現出願意分享時，女人就會渴望和他分享。有人說，統治世界的實際上就是三種基本動機：愛、性跟金錢。你的人生沒有哪個部分可以自外於其他部分而活。

人人都能分享

你可以分享知識，可以分享愛和善心，無論你有多窮。幾乎任何人都可以在三方面做到分享，而且機會會一再出現。你可以分享你的特殊技能或知識；可以藉由消弭裂痕來分享；可以對別人和他們所做的一切分享你的肯定與欣賞。

07

培養健全的自我

你的能力和個性全都能透過你所呈現的自我看出來。有不少人總能自信地展現自我，有些人甚至需要收斂一點。但對大部分的人來說，若找出某種自我激勵的方法都會有所助益。自我激勵的辦法可以是靠穿著方式、說話表達的方式、特定環境、某種有象徵性或是剛好具有特殊個人意義的東西。你的自我可以感應到自身之外的神祕力量，透過這種引導，你就能逐漸找出展現自我的好方式，結果會反映在你與日俱增的成功之上。

我之前談過，現在會再談一次，人需要認識自己的內心，走自己的路。現在我們來看看「自我」，我的字典是把這個內心的無價火星塞定義為「**人想自己做主的傾向**」。

擁有內心平靜的人也會有健全的自我。現在「健全的自我」這種說法會讓某些人聯想到的畫面是：高談闊論、喜歡跟人拍背示好的那種人。這或許沒錯，但不盡然是這樣。你反映到世上的「自我」是由童年經驗、成長過程的影響和其他許許多多的因素多年下來所形塑而成。自我就跟指紋一樣獨一無二，所以對你而言算「健全」的，不等於對別人也如此。

自我似乎經常帶有一點虛榮感，但遠比一般的虛榮心要來得有影響力也更微妙。**不妨把自我想成是你的隱形部分，會使你變得更堅強而機智，或是為你製造出阻礙，就看你用來滋養它的是哪種影響力。**

連最偉大心靈有時也會發現自己的自信正在走下坡。真正偉大的人會察覺到這點，並迅速恢復自信。本章的目的是要教給各位一些別人親身試過且出奇簡便的自我激勵方法，其中包含諸多類型可供選擇，以便讓你量身打造出完美的自我激勵之道。

自我勝過白襯衫和刮鬍子

老派的建議都說，穿著體面和打扮得宜能激勵自我，說得好。

現在我要各位見過一個深諳此道的人，可是他堅定不移的自信強到足以超越筆挺的襯衫和刮乾淨的鬍子。

假如我以親身經歷的先後順序來交代的話，這個故事的力道會更強。這要從我跟艾德溫・巴恩斯 (Edwin C. Barnes) 的會面說起，當時他是愛迪生的事業夥伴。巴恩斯先生那時候有三十一套花大錢裁製的西裝，而且在一個月當中，同一套西裝從不連續穿兩天。他的襯衫用的都是市面上最昂貴的布料，領帶則是在巴黎訂做，而且一條至少都要價二十五美元。

有一天我開玩笑地對巴恩斯先生說，等他打算把一些西裝淘汰掉時，可要通知我一聲，我或許還能穿。

「我知道你在說笑。」巴恩斯說，「可是你或許會想知道，當我決定去求見愛迪生時，我連坐去紐澤西東橘市 (East Orange) 的火車票錢都沒有。而我必須到了那裡，才能向他推銷自己的想法。」

「我要到那裡的渴望大過了搭貨車會讓自己丟臉的恐懼。我把手提箱給整理好，那花不了多久的時間，然後就上了貨車。」

「當我走進愛迪生先生的辦公室說想見他時，我聽到四周一陣竊笑。最後他的祕書同意讓我見愛迪生先生。我一見到這位偉大的發明家，就開始對他說他有多幸運，因為我要把供人差遣的第一個機會給他。我講了一陣子之後，他起身繞著我轉了一圈，用犀利的眼神打量著我，笑著問說：『你來找我有何貴幹，年輕人？』」

「我這才發現他有重聽。於是我只好大聲地把來意再解釋一遍。我的衣服又皺又髒，鞋子也磨損了。我有兩天沒刮鬍子，簡直快失去了勇氣。愛迪生先生很了不起的是，他並沒有用外在來評斷我。然而我當場也下定決心，若是知道自己穿得沒有對方體面，絕對再也不要站在別人的面前。」

「現在你就明白，為什麼我會有這些衣服了。所以要是把我的淘汰品給你，我懷疑你能不能從中得到那帶給我的自我激勵。」

他說得對，我從來不覺得需要靠人為的裝扮來增強自信。而我也沒錯，因為自我是十分因人而異的事。在我早期的那段生涯裡，我的確是用那座大山莊和那些高檔車來激發自信。後來等我的工作成果廣為世人接受，能讓我感到滿足的生活方式就變簡單了。但我並沒有忽略掉自我，它是在我的指引天使護衛下發揮作用。

儘管如此，就跟巴恩斯先生和其他許許多多的人一樣，我也看到自己反映出一種想法：希望很久以前的遭遇再也不要碰到。小時候，我是活在貧窮與文盲充斥的環境當中，四周都是一窮二白的鄰居。現在我對於要居住的任何鄰里給人的「感覺」都非常在意，感覺一定要對。我甚至會探勘通往我家的路，以確定不會行經任何令人不快的地區。

回顧一下自己人生的早期影響，看看其中有多少可能跟你現在的行為有關，你或許會恍然大悟。以下是一些可供你起頭的問題。讀完每道題目之後都仔細想一想，確定自己找到了正確的答案。

小時候……

☼你有沒有足夠的食物、衣服和住處？

☼假如答案是沒有，所謂的不足有沒有依據任何合理的標準，是跟某個社區比或根據其他被你拿來判斷的標準？

☼父母或其他對你人生有影響力的人有沒有動輒貶低你，使你覺得兄弟姊妹或玩伴比你優秀或聰明？

☼當你不守規矩時，有沒有被說成是天生壞胚子，或者只是被譴責說你的行為本身是不對的？

☼假如你的壞符合任何定義，你有沒有決定要乾脆讓自己壞得名副其實？

☼你有沒有接受教育學習夠三種科目，好讓你後來對於自己的閱讀、寫作和算術從來不必感到自卑？

☼你的身材有沒有太矮、太高或太胖，使你覺得引人側目？

☼你的長相有沒有奇醜無比，或者有沒有疤痕或跛腳？

☼你會怎麼形容小時候家裡的氣氛？一片祥和？劍拔弩張？憂心忡忡？和樂融融？無憂無慮？

☼父母會不會在你面前吵架？

☼你有沒有意識到別人當你是「好騙」或「好欺負」的人？

☼你在遊戲或社團裡喜不喜歡當領袖？

☼你有沒有在人生的早期就認定何為成功的象徵，好比說「像瓊斯先生家那樣的大房子」，或者「像布朗先生那樣可以到處出差去令人嚮往的地方的工作」？

☼父母有沒有鼓勵你扛起自己的責任，還是過度操心總是幫你把一切都弄好？

☼你有沒有被迫獨立過頭，以至於從來不覺得有任何人真正關心你怎麼了？

思索這類的問題會透露出許多你過去生活的痕跡，並表現在當前的行為中。我並不是要各位煩惱掛心自己的過去；要記得，只要關上過往之門，一大堆原本可能會妨礙我們的東西就會一掃而空。不過有時候，了解過往的影響力則有助於你珍惜及享受目前能提振自我的方式。

業務員透過自我來銷售

我在全力籌備寫作「個人成功學」的期間，是靠訓練業務員來謀生。有三萬多個人在我的指導下接受銷售方面的訓練。

我教學員的第一件事就是，任何一個業務要把任何東西賣給任何人之前，必須先把它成功賣給自己。這是指他必須把本身的自信調整到位，以強化他的話術，而且他必須相信，自己和自己的產品都很不錯。

紐約壽險公司有位主管託我處理一個有趣的案例。有一個人在該公司服務了三十多年，一直保有很高的銷售紀錄。突然間他的業績跌到了幾近於零。這名業務員自己搞不懂毛病出在哪，公司的主管也看不出來。他們找上了我來為這位「病人」把脈。

我和這位業務員一起外出，以便觀察他的行為。我很快就注意到，他基本上的麻煩出在，在這行待了三十年後，他恐懼自己變得太老而不適合跑業務。他老是把年紀掛在嘴上。他的恐懼演變成了疑心病，覺得自己必須拄拐杖來幫助自己走動。

他沒來由地說服了自己，他再也「不行了」，於是便預期會遭到回絕。他讓自我變得徹底一蹶不振，以致於根本還沒發生就預期會聽到客戶說「不」，而這正是確保別人會這麼說的最好方法！

回到辦公室後，我對這個人說：「我要你出去找一個重聽的人以前所用的那種老式助聽器。」

他抗議說：「可是我並沒有重聽。」

「說得對。」我說，「你的聽力太好了，你在別人說出口之前就聽到了『不』。現在我要你裝聾。只要有人說話，你就把助聽器戴在耳朵上，假裝聽不見。當他說『不』的時候，你就直接搬出你的推銷話術。」

我們都認同，他沒辦法把壽險賣給真的不需要或不想要的人，所以沒有人會因而受害。他找了個奇形怪狀的老式助聽器帶在身上跑業務。在第一週用助聽器時，他從九位潛在客戶的手中收到了六份保單。隔週他靠著十二次的訪談帶回了八份保單，這幾乎是前所未聞的紀錄。他的自我恢復到了選「是」的習慣，他拿掉了助聽器，此後也一帆風順。

雖然我自己的聽力不錯，但我似乎經常碰到關於聽力的麻煩事。我兒子布萊爾生來就沒有耳朵。我如何幫助他，讓老天再賜給他足夠的聽力是另外的故事，我現在想提的是，當我們把他送去公立學校時，他把頭髮留長到足以蓋住缺少耳朵的地方。別的小朋友取笑他的長髮，因而傷到了他的自尊。我們趕緊把他的頭髮剪短，但我先要布萊爾接受的觀念是，一旦別人理解了他的苦惱，對他會大有好處。而結果正是如此，現在大家都對他很好。對於自己跟有耳朵的人不一樣一事，他很快就拋開了一切的不自在。

或許我是受到了愛迪生把耳聾當成資產而不是負債的決心所啟發。我從來沒看他露出過煩悶或沮喪的神情，他的表情反而是清楚透露出：「我的自我是由自己掌控，並且會聽我的吩咐，無所恐懼或自我設限。」

你的自我與富足的關係

就跟助聽器的事一樣，我在很多時候都能準確為某個人開出適當的建立自信處方。當然，前提是要清楚認識此人；當你希望替自己開處方時，就會看出這個古老而偉大的建言有多重要：**認識自己**。

人有時會在時候未到時就停止工作，然後發現自己無所適從。我以前有一位學員的情形就是這樣，他名叫雷・康立夫 (Ray Cunliffe)。他在芝加哥擁有一家凱迪拉克經銷點，把這家店賣掉後賺了不少錢。既然此時手邊有了大筆的動產，他便決定花一年到處旅遊，並如他所希望的「徹底休息」。

那年還沒過完，他就閒不住了。他到處去找不錯的凱迪拉克經銷權，但一個都找不到。又過了六個月，他開始為了生活而吃掉很多老本。差不多就在那個時候，他來上了我在巴爾的摩開的「個人成功學」課程。

雷和太太習慣了在家請佣人。現在他們必須辭退佣人，自己做家事。有一天，雷在地下室洗衣服時，他突然想到自己正在犯我最近在上課時所提到的那種錯誤。他並沒有在滋養他的自我。他在打壓自我、讓自我挨餓。

他半興奮半焦慮地來找我尋求協助。他把自己的故事告訴了我，然後問說：「我接下來該何去何從？」

他告訴我，他太太想要一件貂皮大衣好幾年了，要價差不多是三千美元。我也看得出來，雖然他開的是凱迪拉克，但車開始顯得老舊了；他所穿的衣服也是如此。

於是我說：「雷，把本子和筆準備好，我來幫你開個富足的處方。」

「第一，去最近的凱迪拉克經銷處把你現在開的車賣掉，買一台你最愛的新車。」

「第二，去鎮上最好的皮草店買一件上好的貂皮大衣給你太太，就算要價超過三千美元也要下手。」

「第三，去訂做一整櫃的西裝，然後買齊領帶、襯衫和鞋子來搭你的新西裝。」

「第四，把貂皮大衣包成禮物。把包裹放在你的新凱迪拉克裡，雇一位穿制服的司機，要司機趁你不在家的時候把車開到你家，把車和禮物送給你太太。」

「立刻採取這四個步驟，然後回來拿下一帖處方，假如還需要的話。這帖處方或許很快就會扭轉整個局面了。」

當新的凱迪拉克和貂皮大衣送到雷的家裡時，他太太起初還不肯收。司機只是把車鑰匙交給她就走了，而把車留在了車道上，座位上則擺著大衣。

雷的太太最後試穿了大衣。這確確實實就是她在幾週之前出於好奇和渴望所試穿的那件大衣。

突然之間，她覺得信心與幸福湧上了心頭。同樣的情況也發生在雷的身上。現在我所要告訴各位的是，在他看來像是魔術，在各位看來或許也像是魔術，但它並不是魔術。

之前替康立夫家做事的廚子和女佣跑來問說，能不能回到原來的工作崗位。康立夫太太毫不猶豫地就要他們趕緊回來。

至於雷本人，有個朋友打電話給他說：「我聽說巴爾的摩的凱迪拉克經銷點有得買了。你不妨去看看。」

雷看過後，覺得店還不錯。但這筆買賣要十五萬美元，他在短期內就得湊到這筆不小的數目。他的自我一舉就擺脫了低潮。他說：「我不知道誰會幫我弄到錢，但我知道自己會搞定。」

隔天他去拜訪了一個原本他避而不見的人，一位原本會讓他感到相形見絀的有錢人。此時自卑感並沒有來擾亂他的行動，他向對方解釋說自己需要十五萬美元來重振事業。

對方的回應則是：「好！我很高興看到你回到了一直讓你賺錢的事業上。」他開了張十五萬美元的支票給雷，並補充說：「你可以等有了賺錢後，再逐年償還這筆錢。」

於是雷・康立夫重新有了自己的凱迪拉克經銷點，而且他幾乎還沒時間把所有的新襯衫都穿過一遍，生意就很興隆了。他只對一點感到失望，他很失望我對於他突然轉運並沒有流露出驚訝之情。

我說：「哦，雷，對於我看過發生了好幾百次的事，我實在興奮不起來。」但我當然很開心再次看到貧窮意識可以被成功意識所取代。成功意識彷彿就像個超強的磁鐵，必定會把成功吸引過來。自我是其中的關鍵，要有一個充滿了自信心，並以適合你的方式所激勵的自我。

你可以畫出自我的樣貌，並用它來急救

有時候人會遇到舉足輕重的局面。這種局面多半關係到必須在某方面說服另外

一個人，所以必須把這個局面變得對他具有吸引力才行。如果你本來就認識對方的話，多半可以利用自我的力量來把他想要看到的樣貌呈現在他面前。即使你並不認識他本人，多半也可以藉由仔細觀察目前局面中具有的價值，再勾勒出對他具有吸引力的遠景。

我們現在來看一下，我自己在生涯中自我處於搖擺的階段。

我前頭有說過，我是怎麼跟報紙發行人唐恩・麥雷特搭上了線，他遭到殺害這件事如何迫使我不得不將書稿延後出版，還有這事如何使我免於被貼上大企業御用作者的標籤。

如我所說，我必須出遠門去躲避認為我參與踢爆他們非法偷運私酒的歹徒。在躲避的期間，我的精神狀態並不好。在執行安德魯・卡內基在二十年前交代給我的偉大工程上，我差點就對自己的能力失去了信心。

我把持住自己，決定打破恐懼的束縛。我會找到新的出版商。既然蓋瑞法官身亡了，我只好從頭開始。對一個作品首開風氣之先卻沒沒無聞的作家來說，這並不是件簡單的事。

隨著自我重建起來以及成功意識逐漸抬頭，內在有一股堅定的聲音便開始告訴我，我會在費城找到出版商。那個城市的出版商我一個都不認識，但內心裡的聲音變得十分強烈，於是我就帶著僅有的五十美元老本坐進車子裡，開往了費城別稱貴格會市 (Quaker City) 的地方，半是因為相信自己能找到問題的解答，半則是認為自己瘋了。

一到費城，我就開始猛查分類電話簿。我希望能找到便宜的出租公寓，好讓我一天只消花個幾塊錢就能住下來。接下來可要仔細聽好發生的事，因為這個故事可能是你歷來見過最驚人的故事之一，除了給我們關於自我力量的啟示之外，也讓我們看見至高祕訣的啟示，足以使你的人生得以改頭換面。

我在翻閱電話簿時，那股內在的聲音又說話了。它說：「別忙著找便宜的出租公寓。去市內最好的飯店，訂裡面最好的房間。」

我闔上電話簿，眨了眨眼睛。我口袋裡的錢還不到三十五美元！可是這個命令根本違抗不了，於是我拎著行李走到了城裡最好的飯店，並要了一間一天就得花二十五美元的套房。

我一在登記住房表上簽名，就知道自己做對了事。我的自我和信心油然而生。當時我還沒辦法把至高祕訣化為言語，但我知道它在掌握我。

在那個年代，給侍者兩毛五的小費就很不錯了，但我卻塞了一塊錢給那個男孩。我往其中一張高檔的椅子上一坐，內在的聲音又說話了。

「你千萬不要去住便宜的出租公寓，因為那種環境會非常不利於你和出版商打交道。眼前你需要的是自我激勵的方法，靠著這間陳設精美的旅館房間你得到了。現在你的內心可以在會帶來成功的正向層面上構思了。準備好了嗎？只要是你知道有財力出版你的作品的任何人，就把他的名字找出來到你的意識中。當對的名字出現時，你一眼就會看出來。和那個人聯絡，並跟他說明你的計畫。」

我毫不懷疑且信心滿滿地開始把有能力資助全世界第一套實用「個人成功學」的人名掃過一遍。歷經三個小時後，我的內心毫無所獲。此時我的內心猛然冒出了一個名字，我知道這就是我要找的人。他是康乃迪克州梅里登市 (Meriden) 的艾伯特．路易斯．裴爾頓 (Albert Lewis Pelton)。

對於裴爾頓先生，我所知道的就是他出版過一本叫做《意志力》(*Power of Will*) 的書，以及他多年前曾在我的《黃金律雜誌》(*Golden Rule*) 上宣傳過這本書。我立刻用限時專送寫了封信給裴爾頓先生。我跟他說，我打算把出版「個人成功學」的重責大任交到他手上。

兩天後，我收到了電報說，裴爾頓先生正趕來費城跟我見面。我永遠忘不了他被領進我的套房時臉上的表情，還有他脫口而出的話：「嗯，住得起像這種房間的作者一定是貨真價實！」

我的手稿跟老式家用聖經差不多大，有一千八百頁，重約七磅。我把它交給裴爾頓先生，他坐下來逐頁翻閱。過了差不多二十分鐘，他把書闔起來並擺在桌上。

他說：「我會出版這套哲學，並把我們給作者的固定版稅付給你。」

我們請人弄來一台打字機，他把合約打了出來，然後說道：「我想你希望預領版稅吧？我現在就開支票。」我牢牢固守著自我所建立起來的形象，淡淡地回答說：「哦，那就照你的意思，隨便寫個數目吧。」

「五百塊？」

「好。」

幾個月後，我第一套出版的作品《成功定律》全八冊就呈現在我的面前。回想那幾個月在許多方面都很成功，因為我重拾了正面思考的力量。我衷心希望看到這則故事的人不用像我這樣，繞了一大段路才找到自己的正向觀點。

我有沒有受到某種看不見的力量所指引？我相信是有某種外力在指引我。我相信當內心受到信心的加持時，能感應的範圍就會超越自身的形體。在本書稍後，我會談到另一段類似的經驗，事實上那就是讓我在醞釀了將近七十年之後寫下這本書的契機。

從一九二八年至關重要的那一天起，我幫助過無數男男女女找回了自我。其中大部分都是我從來沒見過的人，因為我們的內心是透我的書頁在互相聯繫。透過我的演講和實體課程，我也幫助成千上萬人了解到內心，並用同一把鑰匙開啟內心可以成就的力量。而且在不少的案例中，我都有幸可以目睹他們的目標一一成真。

我培養了相當可觀的能力來評估別人在這個方向的需求，以及知道如何按下所謂「對的按鈕」。可是把按鈕按下去後會發生什麼事？讓岌岌可危的自我重新恢復活力的力量是從何而來？使內心由「否」轉到「是」、進而開啟成就大門的是什麼？我也還在尋找這個答案。也許這些知識有待我在自己的「博士後研究」中再探索，畢竟我的學習之路也是永無止境。

找出自我激勵之道，就會找到自我

激勵自我的方式變化多端。雖然最深層的本質可能很神祕，但表現在外的樣貌卻一目了然。來看看以下的例子，應用性都很廣泛，或許會有助於各位找到自我的方式。

在我培訓過的超級保險業務人員當中，有一位除了和很多人一樣都是開名車之外，他的自我激勵之道比較獨到，是一個漂亮的高球袋和一組高球桿。他都是將球具擺在車裡，一眼就看得到。

因此不管是對自己還是別人，他所樹立起來的形象就是，他花了很多時間去打高爾夫，而且隨時準備要開車去球場。要是他沒有隨時展現出這種成功的姿態，我不知道他會不會像現在這麼成功，但我很清楚的是，他完全找到了他所需要的自我激勵之道。

我培訓過的另一位成功保險業務員則是戴著八克拉的鑽戒。他在跟潛在客戶談話時，儼然就是把它當成了自己的魔杖。在麻州互助壽險公司 (Massachusetts Mutual Life Insurance Company) 裡，這位仁兄的業績是數一數二的好。

有一次他把鑽戒拿去珠寶店做新的戒台，需要耗上幾天。在那幾天裡，他比平常更賣力工作，為了簽到保單他平時會用的各種話術都用了上去，卻沒能做成生意。他說每當要開始跟潛在客戶談話時，就會低頭看看戒指；戒指不在手上，他怎麼樣就是不對勁。

等戒指戴回手指上，這位仁兄跟平常一樣去工作，結果在前六次拜訪中，就拿到了六份保單，是他以前從來沒有過的紀錄。

至於我自己，假如我被別人抓到手指上有這道璀璨的話，會覺得十分彆扭，搞不好還會妨礙到自己，而無法安穩自在。每個人都有自己的方式，能認識自己的人就會握有強大的力量！

每當人找到自己、發現自我並擁有自信時，全世界都會看得出這件事。這會反映在他的聲調、臉部表情、積極的身體動作、清晰的思慮、明確的目的和正面的心態上，使別人會相信他，並願意與他合作共事。

朋友，當你成為內在那個最核心的自我統帥時，境遇就會為所你主宰。你絕對不會匱乏，因為你會毫不猶豫地找到富饒之道。絕對不會恐懼，因為你的內心容不下恐懼。你會感到自由，無比安寧的自由，並活出隨心所欲的人生。

有少數人需要約制一下自我。但他們是極少數，所以我們不需要為了他們而在本書對此加以著墨。

健全的自我是健康與內心平靜的不二法門。因此，去找一種適當的方式、有象徵性的物件或處境來幫助你在「人想自己做主的傾向」上滿足自己吧。

看你認識哪些成功幸福的人，研究一下他們。他們極可能就擁有也實踐了至高祕訣。

07 致富心法總結

擁有健全的自我意謂著什麼？

自我是有助於你實現自己和慾望的心靈力量。它使你變得堅強而機智，或是造成你的阻礙，就看你滋養它的是哪種影響力。我們都知道穿著體面在激勵自我上的力量，強大的自我足以超越任何限制。當人用自己偏好的方式表達自我時，這些方式多半反映了很久以前的影響力。

業務員透過自我來銷售

好的業務員知道自己和自己的產品都很優秀，而且這種信心很少會搖擺。有時候業務員的成功是取決於某種能維繫自我的因素，或者某種外在環境，一旦生變，可能會大大影響到他的自我，使他從「是」的態度掉到「否」的態度。業務員甚至可以假裝聽力有問題，以便在跟客戶互動時把接受到的「否」過濾掉。對業務員或其他任何人來說，生理障礙是一輩子的缺陷或是一生的激勵，端賴自我的力量如何運作。

你的自我與富足的關係

當自我強大時，就會把成功吸引過來。當自我岌岌可危時，只要確定你的外在和自我形象對它有利的話，就能把它恢復過來。過慣好日子的人，遇上生活水準降低的處境時，只要利用可以帶來榮耀感的財物與行動，就能把榮耀感先恢復過來，繼之重返榮耀。即使富裕的外表才裝扮起來一會兒，也會證明這將是個轉捩點，因為自我所需要的正是這個。然後，自我就可以經由無所不在的神祕力量來引導。

找出自己的自我激勵之道，就會找到自我

自我是非常個人的事。觀察別人激勵自我的方式或許有助於你找到自己的方式。有時候是靠最適合用來表達自己的途徑，我們最能擁有自信，有人不妨以寫來代替說，或是反過來。當你為自己找到最好的方式來激勵自我時，你就找到了豐富的寶藏。

08

如何將性慾轉化為成就的動能

人人都有能力把部分的性慾轉化為超強的成功動力。只要你願意使用，這種能力就會增長。年輕人常犯的錯誤是，只看到性的生理面，所以要等到四十好幾或更老才會開始利用轉化後的性能量為自己所做的一切增添價值。這跟性的生理面並不衝突，這股力量本身則會成為改變人生的力量。

有時書會「爆紅」，作者則會因為知道自己為人類的知識增添了一些永恆價值而感到滿足。我的《思考致富》一書便是如此。雖然它只是我多本以「個人成功學」為題的著作之一，但銷售量八成超過了我其他所有著作的總和。

我問過一些人，他們覺得為什麼《思考致富》過了將近三十年依然熱賣，為什麼稍加修訂過的版本似乎更歷久彌新。這些人告訴我說，這本書就是比別本來得更有啟發性。我想，我知道原因何在。

這本書我寫過兩次。第一次是在一九三三年我擔任羅斯福總統的幕僚時，寫書純粹是我在等待恐懼過去的肅殺氣氛中讓自己維持忙碌的手段。我還記得，自己只是一面為總統效力，一面伏案就動筆寫作，沒有花什麼工夫去調整內心，讓個人的魅力投射到書裡。

直到若干年後，我才決定付印出版。重讀手稿時，我覺得它好像少了點什麼。它實際上是缺少了什麼，答案原本也寫在其中一章裡，就是談性慾轉化的那一章，眼前你讀到的這章則是它的歸結和延伸。我那時寫的書充滿實用資訊，卻少了性慾的轉化。後來我把它從頭到尾重寫了一遍，效果令人震撼。**當你做的任何事是注入了轉化的性慾時，就會具有魔力、正面又有利可圖。**

為了避免引起任何混淆，我要特別說明的是，各位需要做的事並不必跟性的生理表象有絲毫關聯。跟語言也沒有任何關係。我在重寫之際為《思考致富》一書所注入的「某種東西」都納進了該書的所有外語版本裡。比方說，以葡萄牙語所寫的巴西版在啟發性上就跟英語版一模一樣。

何謂性的轉化？

我們先來看性的本身。老天讓所有動植物只在特定的季節發情，但唯獨人則是在各個季節都對性活動有感。這大概就是為什麼性會為人帶來眾多麻煩的原因。有些人可能會刻意對性避而不談，其實是因為感到害怕；有些人可能會縱慾，因為想要證明自己豪放，或是純粹就是讓它牽著鼻子走。

不管是以上哪種情況，性都失去了它對於人而且只限於對人的深刻力量與意義。且看某些教派的神職人員呼籲性是原罪，把地獄和性混為一談，並批判兩者半斤八兩且同樣邪惡。這些人說自己是在拯救靈魂，實際上卻是在打擊人性。

另一方面，公廁裡猥褻的留言和塗鴉則是司空見慣。對崇高的性慾來說，這是種既扭曲又可悲的渲洩。有太多人身陷在極端的這頭或那頭；至於性的實際生理表現，有太多人從來都沒有搞懂精神和肉體的結合可以有多緊密。

如果你把性視為偉大的創造源頭，它所創造的不僅是子女，還有一切高尚與長遠的事物，那你自然就有能力看得出來，性的轉化能為你做什麼了。它會把性的能量聚焦到其他的管道上，以大幅增進個人的成就力量。它絕對不是在縮減性的能量，而是在轉移那股能量，好比是中央發電所把電波暫時送進不同的電線那樣。

它也是在聚焦**個人魅力**，這跟性的能量其實並無二致。假如你比較熟悉「個人的魅力」這種說法，那也很好，但要記得它是根源自性。

成功人士往往性慾旺盛

若干年前，我開設了一所廣告銷售班。有一天，我的祕書說我有一位訪客，看起來像是個流浪漢。也許是因為想起了成為愛迪生夥伴的那個人，於是我就請她帶那個流浪漢進來。

他一身邋遢，鬍子三天沒刮，走進來時嘴上還叼著菸，看來他要不是不懂禮數、就是不在乎禮節。他要拉《世界年鑑》(*World Almanac*) 的廣告，而我從來就不登這家媒體，因為我認為形象不適合我的事業。儘管這個蓬頭垢面的人給我的第一印象很差，還把菸灰彈在地毯上，但最後他還是帶著超過八百美元的廣告合約離開了我的辦公室。

這個人在心理上肯定有點狀況，但撇開這方面不談，他倒是很有個人魅力。我從他的聲音裡聽出了這點，所以才願意聽他說話。我從他的人格特質中感受到了這點。我第一次很認真考慮《世界年鑑》的優點，結果證明效果相當不錯。這個人不知不覺就把性轉換的原則給用上，要是他能換個方式打理自己，可能就是《世界年鑑》的老闆了，而不會只是旗下一名「廣告業務」。

現在遇到每個人以及回想到我所認識的人時，我都會留意性轉化的現象。那些在各行各業和各個階層中獲得大成功的人顯然都有高度的性能力可以隨意轉化。他們或許不知道自己正在這麼做，但他們就是如此。

它跟自我明顯相關，而且就跟自我一樣，人可能必須去尋找能透過性的轉化來展現自己的最佳方式。

當我參加芝加哥的扶輪社時，有位演講嘉賓是已故的法蘭克・克雷恩博士（Dr. Frank Crane）[1]。此人言之有物，但卻沒有演說的天分。甚至他的外表也會扣分。他讓在場的每個人都聽得興趣索然，包括我自己在內。

會後，我和克雷恩博士並肩走在街上，我們坦白聊到了他的講演所得到的冷淡待遇。但我對他的講述內容大為讚賞，覺得內容好得不得了，但遺憾的是，這卻被他的口條給毀了，而這點他自己也心知肚明。

他告訴我，他是一所小教會的牧師，連餬口都有問題，問我是否可以給他一些建議。

我一路在思索。我告訴他，他有深刻思考的能力，不妨可以用通俗易懂的方式來表達。但不要用聲音來做這件事，而應該透過文字。假如他為報紙寫個布道專欄，

1 美國著名牧師、演說家暨專欄作家，留下過許多不朽的警世良言。

可以廣為轉載，他就能教化成千上萬人，而不像現在只能教化一小群人，他的收入無疑也會隨之增加。

「這聽來像是個很棒的主意。」他若有所思地說。然後我們就握手道別了。

一陣子過後，我開始看到了他的每日布道專欄。若干年後，他得知我正住在紐約一家距離他不遠的飯店裡，便邀請我去坐坐。他剛把那年的稅報完，並帶著開心的笑容把它拿給我看。減去所有的扣除額後，他那年的應稅淨所得合計超過了七萬五千美元之譜。

已故的比爾・桑德 (Bill Sunday)[2] 則是透過他天生卓越的口語表達能力來向廣大的群眾展現他具有的性魅力。他驅魔的足跡遍及全美各地，對人群的影響力鮮少有別的傳教士做得到。他成功到使他的宗教活動變成了不凡的事業，並交由知名的公關專家艾維・李 (Ivy Lee)[3] 來操盤。

有的人說，比爾・桑德的成功是拜他高超的靈性品格所賜。最貼近他的人則相信，他的力量來自於他無比的魅力，加上他有辦法把性慾轉化為布道，力道強到連惡魔都難以招架。

留意「加分條件」，就能將性慾轉化為成就的力量

每個世代只會有五、六個人被公認為「偉大」的小提琴家。把小提琴拉得很棒的人有好幾百個，但少數具備「加分條件」的人才能出類拔萃。這是指他們把性慾轉化得比較成功。

當然，鋼琴家和其他領域的音樂家也是同樣的道理。我在寫書的當口，亞瑟・魯賓斯坦（Arthur Rubinstein）[4]八十幾歲了，樂評家說他不僅是史上最偉大的鋼琴家，而且他的演奏似乎永遠令人耳目一新。魯賓斯坦熱情過活，是個參與者，而非旁觀者。這在在指向了是來自深刻的性本質，並奇妙地將它加以轉化。

政治領袖、律師、運動員、工匠亦是如此。我發現和性驅力缺乏強度的人比起來，性慾旺盛的泥水匠一天所能砌的磚高出近兩倍之多，而且每塊磚都是以最棒的工法砌上去，前提是他要學會了把心思轉化在工作上的本領。

回顧歷史，我們可以看到在許多不同的領域中，有很多傑出人士都是以擁有強

---

2 美國布道家，以風格特異著稱。
3 美國著名記者，現代公共關係之父，一九〇三年時創立了第一家公關事務所。
4 波蘭鋼琴大師，一九〇六年於美國首次登台，此後即在世界各地巡迴演出，直到一九七六年。一九八二年以九十五歲高齡辭世。

大的魅力而聞名。（光從歷史書上可能看不到這點；但從傳記的研究中就看得到。）

我這就舉出幾個可供各位思考的人名：

喬治・華盛頓 (George Washington)　羅勃・伯恩斯 (Robert Burns)[5]
班哲明・富蘭克林 (Benjamin Franklin)　湯瑪斯・傑佛遜 (Thomas Jefferson)
威廉・莎士比亞 (William Shakespear)　安德魯・傑克森 (Andrew Jackson)[6]
亞伯拉罕・林肯 (Abraham Lincoln)　安瑞可・卡羅素 (Enrico Garuso)[7]
拉夫・沃爾多・愛默生 (Ralph Waldo Emerson)

要注意的是，這些人並不是性驅力的受害者，而是它的受益者。他們把性的能量轉化成了個人成就的能量。你在文明史上不太容易找到，有哪個獲得顯赫成就的人不是拜性的本質所賜。這適用於軍事家、政治家、大思想家、大探險家，也適用於技藝型的人，例如畫家或各式各樣的人物，而且不見得是有德性之人。性驅力並非獨立存在，而是整體人格的一部分。但要是少了這個配方，有很多能力就無從發掘出來。

我也看過在許多例子中，性能量顯然是點燃所謂「第六感」的火星。這種偉大的創造機能會把腦部的作用提升到遠高於正常的表現。那些被我們稱為「預感」的靈感就是以此作為心中的接收天線。「安靜而微小的聲音」肯定就是由此而來，有時則為夠敏銳的內心帶來無價的指引。

我認識一位很會規劃演講內容的優秀演說家，但每場演講到了某個時刻，他都會放棄原本的講稿，停頓一剎那並閉上眼睛。等他把眼睛張開，接下來就會是演講的高潮，經常精采到讓全場觀眾站起來鼓掌。在停頓的那兩、三秒裡，我相信他是把性魅力和創造性的想像力全部集中到從來沒有令他落空過的神奇天線上。套句他自己的話：「我這麼做是因為，接下來我說的是發自內心的意念。」

已故的艾莫．蓋茲博士(Dr. Elmer Gates)[8]是全世界數一數二的偉大科學家，雖然他從來不自我標榜。他申請的發明專利超過了兩百種，其中有很多都是透過一種非

5 十八世紀蘇格蘭的偉大詩人暨抒情歌手，作品具濃厚的鄉土氣息。
6 美國第七任總統，曾為首任佛羅里達州州長，並且是民主黨的創建者之一。
7 義大利著名男高音歌唱家，曾在白宮為老羅斯福總統獻唱、在白金漢宮前為英國女皇獻唱。
8 美國科學家暨發明家，擁有數百項專利，並致力於心理學的研究。

常有意思的方法所創造出來。

他有自己所謂的「個人溝通室」。裡面不透光又隔音，陳設只有一張小桌子、一張椅子、一疊信紙和幾支鉛筆。蓋茲博士想要集中心神時，就會把自己關在這個房間裡，坐在桌前，並全神貫注在他針對發明所研究出來的「已知」條件上。不久後，跟發明的「未知」因素有關的構想就會開始在他的內心浮現出來。

有一次，他振筆疾書了三個小時，根本不曉得自己在寫什麼。最後當他檢查自己的筆記時，發現其中包含了科學界從未發現的原理。這些原理既解決了眼前的問題，又為後人開創了新局。

蓋茲博士光靠「坐等構想」就賺進了大把鈔票。想像一下，一個大公司付錢給一個外人，卻只是要他坐在房間裡思考！

對於經驗止步、直覺啟動的分界處，我們尚無法確知。有人說，所謂天才的條件就是得能看出事物的模式，並把這些模式建構出來。在透過內心的潛意識來召喚零碎分散的知識，並據以形成前所未見的模式時，若能把內在的力量默默地聚焦集中起來肯定大有助益。但除此之外，還有賦予一切生命的不可知力量的存在。然而從某方面來看，這會不會就是性的作用？為什麼不會是？整個世界就是陰陽雌雄，就連宇宙的基本組成分子也是電荷相反的粒子在不斷互動。

在本質上，性的轉化是指能把肉體接觸的慾念轉移到近類的表現上，像是藝術、文學、科學、銷售或其他任何東西。轉移可能已經習慣成自然，而不容易意識到，但這樣的行為永遠都在進行。

只要在適當的時機進行，性慾的轉化絕對不會干擾生理的性行為。但在轉化能量時，對肉體行為就不太會有慾望。**因為這些能量是要用來完成另一件非常要緊的事。**對，當你留意到**「加分條件」**時，你就會看到它。當你留意有什麼原本有機會是「加分條件」卻淪為了**「令人扼腕」**時，你也會看到它。你可以清楚看到，有很多人可以成功卻沒有成功，就是因為不了解性不僅只是生理上的熱情。

要趁年輕時學到的教訓

記住，活出美好的嶄新人生永不嫌晚。能量一直都在那裡，任何願意伸出手來抓的人都找得到出路。

但毫無疑問的是，某些教訓還是趁年輕的時候學到會比較好。性能量的運用正是如此。

有個極為成功的生意人告訴我，假如他在中學時期就學到了性轉化的本領，那他可能二十出頭就已經成為富豪了。但他直到四十好幾才發現，性是種可以導入許多不同管道的能量。

這番話引發了我的好奇去研究，成功人士飛黃騰達通常會是在什麼年紀。很有趣的結論是，他們大多都是在遠超過四十歲才成就輝煌，而且經常得要到五、六十或七十歲。

在任何年紀成功都是好事，但愈早達到就能享受得愈久。成功的確或多或少要仰賴人生經驗，不過要注意的是，我是說那些成功人士「大部分」都是過了四十歲才**成功。在四十歲之前就成功的人也不在少數，而且從他們身上可以看出來，他們學會了性轉化的本領。**

以下是一般的情形：當人渾身散發出青春的生理能量時，就會卯起來把性展現在生理上。這不會對他造成明顯可見的傷害，所以他壓根兒不明白這些能量有多少可以為自己帶來其他助益，不知道可以用那個去打造自己的生涯，建立內心的平靜，使自己更能留心與接收有益事業的想法。轉化後的性能量有可能為握手增添熱情，為聲音增加力道，為性格增添魅力。這會讓他被認為是個「值得認識的人」，並被讚譽為「了不起」。不過，既然他的性能量完全用到純生理的性上，那他就渾然不知自己錯失了什麼……直到多年後才明白，自己為什麼當年沒能成功。

男人跟自己所選擇的女人共享愛情生活，可成為生涯背後的神奇支撐力，當然光是這分愛本身就是一直很甜蜜又美好。有時候女人必須巧妙地讓男人知道，自己在性方面依賴他的方式不僅止於婚姻生活裡的同枕共寢。在養家活口的角色上，他依然是有性能量的個體，要利用它作為建立財富的基本能量。因此，他應該要把這些能量保留一些下來，好讓自己能有意無意地轉化。此外，發揮一些自持與自制力對他會更有益，這是人類獨有的力量，是我們的境界遠遠超越了動物的原因。

四十多歲的人比較容易察覺到這點，像前文所提到的那位生意人就很扼腕為什麼沒有早點醒悟到這點。要是有二、三十歲的人讀到這段，最好趕緊停下來，花一個鐘頭好好想一想。

愛侶關係的力量

有些人似乎就是無法理解，但在文明人的生活中，性除了帶來樂趣，還另有三大功能：

一、人類的延續必須靠性傳承。

二、性就跟運用其他任何天生的機能一樣，有助於維繫健康。

三、轉化到其他管道後，性會跟自我一起激發出人自身所有的企圖心，渴望成就，追求卓越，並會透過增強的能量、強化的性格與機敏度來作激勵。

另一方面，性也能毀掉人的事業、健康與財富。但這是種失調，錯的不是性，而是人。

有些人從來沒有真正努力把性的不同功能全部結合到他們的生活中，或許是認為，這麼重視它就「太過強調性」了。這是種迂腐的態度，並且跟所有的極端的態度一樣，必然會造成傷害。

有些人堅信，當人把性的能量導入事業時，他就走上了毀掉家庭的第一步。當然，有人毀掉家庭就是因為對賺錢熱愛到無法自拔，因而忽略掉自己的婚姻。但對於這種情形，我們來看比較光明的一面。

這則故事是一個親身歷經過的人在不久前告訴我的，但我並不是第一次聽到類似的故事。我可以告訴各位，相同的情節發生在一名手推車服務員制服的製造商（一九一〇年左右）、一個早期「特技飛行表演」的業者（一九二三年左右）、一位二次世界大戰救生艇設備的轉包商。總之，這個故事任何時候都在發生。眼前遭遇此事的主人翁則是來自成長迅速的微電子產業。他所從事的科技必須與時俱進，所以他面對的挑戰比一般的事業要大得多。

此人凡是遇到要下重要的決定時，總是在跟太太發生親密關係後才下定決心。此時在愛侶關係中，他覺得既恬靜又有活力。到了隔天早上，他就會做出決定並付諸行動。他做出的決定品質好壞，就反映在他的成功上，我也深信他有把可觀的性能量轉化到了他的事業裡。這對夫妻婚姻幸福、家庭和諧可說是眾所皆知。

另外一個人則偷偷告訴我，在跟太太的親密性行為達到高潮時，他就會感受到靈光乍現，讓他無論大小事都得到正確的引導。我敢說這事很稀奇，但卻足以證明，性並非存在於我們生活中的獨立隔間裡，而是瀰漫在我們整個生命中。

為男人成就世界的女人

有人說：「每個男人背後都有個女人。」這句話並非百分之百正確，可是當你發現有個男人並沒有一個女人相伴的情況時，你大可問問：為什麼沒有？你偶爾會遇到某個大言不慚的人說，他是個大男人，沒有女人沒差。但他很可能是沒辦法跟女人好好相處，搞不好跟男人也處不來；再不然他也許是對自己的男性魅力沒信心，以致於對本身的不足矯枉過正。

男人最大的動力是來自對取悅及保護心愛女子的渴望！史前時代的獵人要是帶了兩頭熊回洞穴，隔壁的穴居人卻只帶回一頭時，讓他開懷的必定不只是因為有多出一頭熊可吃，還有把獵物拿給自己的女人而得到讚賞時所湧現的那股自豪。現代的「獵人」則是把錢財帶回家去購買舒適感與奢侈品，遠遠超越了維持生活所需要的東西。假如他夠誠實的話，他就會自豪地告訴你，這都是為了讓自己的女人開心。

亞伯拉罕．林肯這位獨特的偉人並不鍾意自己的太太，她並不是他原本要娶的女人，原本要嫁給他的女子安．拉特里奇（Ann Rutledge）還來不及披嫁裳就過世了，她的死是個不幸，但有助於造就林肯。這位出身窮鄉僻壤的年輕女孩所具有的力量，從她的墓地延續到了後來所有的歷史中。

當賺了大錢、握有大權或兩者兼具的男人向太太表達敬意時，我很樂見。她多半是個話不多的小人物，但你知道她對這個男人的影響力，你也知道他們鶼鰈情深，而且會一直在一起。你看到成功，看到一男一女相伴著的陰陽協調，你就知道他們這一生已活得圓滿。

你的內心有許多力量，等你找到至高祕訣時，就會知道自己找到了開啟各種內心力量的鑰匙。

轉化性慾可以激發人生力量

同一本書可以在寫第二遍時獲得巨大的迴響，是因為第二次是帶著轉化後的性能量所寫的。跟動物不同的是，人在各種季節都對性活動興趣盎然，這或許就是性為什麼這麼常遭到貶抑的原因之一。性被歸為最好避開的原罪，經常有人會過度放縱且流於猥褻。若它被視為及用作人生裡的偉大創造力時，只要時機適當，性能量就能集中到生理行為以外的管道，而成為終生成就的動能。

成功人士總是性慾旺盛

連看起來像個流浪漢的推銷員都能靠轉化性慾的力量搞定困難的銷售任務。傳教士宣教經常是透過性能量來獲得影響力。偉大的藝術家知道要怎麼把性的能量引導到本身的藝術才華中。工匠也證明轉化性慾的成效良好。縱觀歷史，我們可以看到許多人藉由將性能量轉化為個人成就的動能，而在世上揚名立萬。

性的能量與「第六感」

由於性的能量跟自我息息相關，因此可以把腦部的作用提升到遠高於正常的表現。優秀的演說家是用性的能量激發出想法，創造出演說中的高潮，使觀眾聽得如癡如醉。偉大的科學家是用同樣的動力來蘊釀出新的發明。在本質上，性的轉化是指能把肉體接觸的慾望轉移到其他某種領域的類似表現上。但這種轉化絕對不會跟生理上的性行為有所牴觸。

要趁年輕時學到的教訓

大部分的人都是過了四十好幾才真正獲得成功。他們大器晚成多半是因為早年太過注重性的生理面，壓根不明白它可以為成功致富帶來多大的力道。有時候女人必須提醒男人，性能量的意義不只限於同枕共寢。在懂得愛侶關係的完滿人生中，生理上的性行為會同時成為幸福的來源以及打造生涯的能量來源。

09

人生要成功，先成功做自己

只有找到真我的人才能認清自己，找出自己的最佳本領，並創造自己的高度成功。我們需要活出自己的人生，而且這種態度從小就應該被灌輸。做自己才能自持，這是應對境遇變化與人群的強大力量來源。在設法累積金錢時，當心別捨棄掉太多的自己，因為人要擁有自己的內心與自己的財富，才算是真的富足。

我在第一章說過：「要活出自己的人生！」現在按照規劃，我們再回到這一個重大的主題上。對於做自己以及活出自己的人生，希望各位現在已能完全接納了這種觀念。到目前為止，各位都看到了這種內在特質和釋放出自己最強大的力量有多密切的關係。

同樣地，各位也看到了，在把生計維持得非常好的「基本要點」上，本書有所著墨，但並不是很深。原因並不是「基本要點」不重要，那非常重要。不過，**本書的宗旨是要協助各位找到並活用成就個人的基本動力**。等各位看完本書，看完並參透了本書，自然就會掌握住「基本要點」，並擁有可把這些基本要點轉變為可觀財富的能耐。**當基本動力缺乏有意識的掌控時，富足人生的構成要素就會七零八落，而且你的大半生可能都會花在尋找某個失落的環節上。**

現在我們回到活出自己的人生及做自己的這門藝術上，並進一步來探討這項主要技能如何強化和支撐你的方式。

哪天你到了服飾店去，假如有個店員跟你說：「這是本季人人都穿的流行款式。」可別被這樣說服了，記得要做自己。挑選適合自己的顏色、布料與樣式。告訴店員說，**你偏好人人都不穿的款式**。要嘛什麼都不買就離開那家店，要嘛就只照自己的品味來選購。

哪一天你到了餐廳去，服務生經常會奉老闆或廚師之命「推銷」某道料理，或許是因為這道菜的利潤高，或許是因為食材剩得太多。假如服務生慫恿你點某道菜色，那就微笑著搖搖頭，並從菜單上點你真正想吃的菜。

你或許很欽佩某人能拿出某種技能或本領。為了想具備類似的技能，你可能會決定要「當」那個人。直到浪費掉一大堆時間與精神，你才會發現性格真是非常微妙的東西，沒有人能「當」別人而不斷傷自己的性格，並折損讓自己可以憑一己之力而偉大的動力。

我年輕的時候決定要以亞瑟．布里斯班（Arthur Brisbane）[1]的文字風格來寫作。他是個非常多才多藝的作家，粉絲多得不得了。當我開始模仿他的風格時，還自以為很聰明。有個朋友則一語驚醒夢中人，他說假如我模仿布里斯班，那我絕對發展不出自己獨特的風格。當下我就把布里斯班拋到了腦後，而我寫作生涯的成功也證明了，我決定不當亞瑟．布里斯班而當拿破崙．希爾是對的。

小孩試圖去模仿較年長的人，這點可以理解。我看到很多小孩長大後試圖在金錢上追上某甲，或者試圖在社交上追上某乙所走過的步伐，結果都很慘。要是不願意依照自己的能耐做自己，你就無法認清自己，也無法認清自己的內心能達到什麼成就。

不要被別人收買而不做自己

你會賺到錢，而當這天到來，別人就會看到你有這個本事。很好！但有很多人就是在此時此刻失去了自己。在靠內在把自我建立起來並因此受到矚目後，人就容易屈從在「大好良機」之下，而不再自己創造財富與內心平靜，並把自己綁在別人的事業上。

我聽說有個人在一家航太業零組件的大型供應商裡頭工作，身處豪華辦公室裡，他不用很努力工作就能賺進六位數的薪水，還外加獎金。他幾乎有能力滿足任何能用金錢買到的合理慾望，但卻買不回自己：他任由自己被人收買。所以他鬱鬱寡歡地坐在價值五百美元的辦公桌後頭，懊惱自己要是沒讓這家大公司把這曾屬於他的「小而美」公司給併購就好了，這個決定連帶賣掉了冒險的機會和他原已品嚐到的個人滿足感。

回到兩萬五千美元所能買到的東西，現在得要花七萬五千美元才能買到的時代，當時我一年賺的錢還不到兩萬五千美元的一半，可是我對於自己所做的事樂此不疲。我辛苦並快樂地在做《黃金律雜誌》的出版事業。或許是因為我當過威爾遜總統的顧問，所以我前頭提過的公關專家艾維・李便找上了我。要我加入他的麾下，為他的一位客戶即洛克斐勒財團捉刀，擔任影子作者。

有一度我頗為心動。我聽著他開出的條件：年薪兩萬五千美元，簽約五年，而我當然得把《黃金律雜誌》收掉。

1 二十世紀美國知名報人，曾提出記者十條指南，包括文筆要簡潔、多讀經典名著、善用詞彙等等。

但那一刻過去後，我又作回我自己了。我回答說：「沒辦法，李先生。」假如提出的年薪是一百萬美元，我的回答還是一樣。

後來出於我自己的決定，我跟《黃金律雜誌》分道揚鑣了。你可能會好奇：那時我會不會但願自己當初有接受艾維．李的提議就好了？一點也不。我的名字和生涯始終為我自己所擁有。我仍保有以自己名號想走到哪就走到哪的權利，錯誤全由自己一肩扛，成功也全是自己的功勞。

當時有人跟我說，我婉拒那麼優渥的條件真是大錯特錯，甚至慫恿我回頭去跟李先生聯絡，看看那些條件是否還可談。我告訴自己，假如這真是個錯誤，那我只要記住，每個噩運都埋著更大福氣的種子就好了。而現在我回頭去看自己把幸福與人生成功的祕訣推廣到世界上的眾多角落所獲得的成就時，我發現是因為做自己，我才做到像今天這麼成功。

今天就開始竭盡全力做自己。走進服飾店、餐廳或其他任何要用錢換得服務的地方，暗自下定決心，你，就是要做自己。不管是與人交談、自己的為人處事上，還是做了以後要跟別人分享或者會影響到別人的大小事，你都要做自己。我提到別人是因為，我們最常忽略要做自己的時刻，就是發生在我們與別人的互動關係中。你可以完全做自己，靠自己的本色獲得賞識，同時一樣能尊重他人的權利。

在前言中，我列舉過一些跟內心平靜有關的福份。我曾指出，內心平靜是讓我們展現無比活力的基礎。現在我把同樣的清單稍加彙整並延伸後，列出四十三個與做自己有關的事項。很少人能靠著這份清單就把自己完全看透，但假如你能用鉛筆把你打心底認為「自己」符合的項目都勾起來的話，就會一目了然。

堅持做自己的人……

一、在各種境遇中都會保持冷靜，不管境遇是順是逆。
二、會隨時掌控自己的情緒。
三、對於自己所從事的一切，都有絕佳的自恃與自信。
四、不會讓自己匆促進行流於草率的任何行動。
五、會在成功之後逐漸掌控自己的工作時間和工作條件。
六、絕不對任何事或任何人發牢騷或抱怨。
七、絕不詆毀或指責任何人。
八、除非必要絕不談論自己，所以也絕不刻意吹噓。
九、對所有課題和所有人都抱持開闊的心胸。
十、無懼於任何事或任何人。

十一、處理事情時會默默帶著明確的目的。
十二、在表示意見前，會確定自己掌握了事實，而且不怕說「我不懂」。
十三、沒有種族或宗教偏見。
十四、飲食適度，且對其他各種無度的行為都敬而遠之。
十五、對於所有課題，都不會假裝是專家；對於所有課題都能獨立思考。
十六、是位可靠的公民，任何可能會傷害國家或經濟的「主義」都說服不了你。
十七、沒有人會有任何理由要與你為敵（但假如有人因為你成功而不喜歡你，那就沒輒了）。
十八、善待自己和所有人。
十九、絕對可憐或悲慘不了，因為不管怎樣都會在心裡保持愉快，並重啓振作。
二十、家人全都愛你，聽到你回家的腳步聲就會興奮不已。
二十一、每日會為自己所有的福份心存感恩，並跟所有有權分享的人分享。
二十二、對於自己所蒙受的任何錯誤或不公，都無意報復。
二十三、論及他人時，會想盡辦法避免提到他們的過失，無論他們的過失對你造成的影響有多大。
二十四、會鑑往知來，並深知歷史定會重演，永恆的真理則顛撲不破，不會因時而異。

二十五、會保持正面的心態。

二十六、指控得慢，原諒得快。

二十七、別人犯下無心之過時，會體諒他們。

二十八、不會從會傷害到其他任何人的交易中牟利。

二十九、不會讓自己債務纏身。

三十、在賺進足以善加運用的財富後，就不會汲汲營營追求更多：但清清楚楚知道，假如有需要的話，自己可以賺得更多。

三十一、會把所有的逆境與挫敗轉變成資產。

三十二、面對挫敗時，知道所有挫敗都是一時的。

三十三、有遠大的人生目標，並且會讓自己全心忙於實現它。

三十四、假如目標有所偏離，就會分析原因並從中受益。

三十五、了解人生是照著自己的願望走，而且向來知道事情本該如此。

三十六、當不斷在內心設想成功的景況，後來也達到時，會用行為表現而不是誇耀來向別人展現自己的成功。

三十七、深受許許多多不同類型的人喜愛，各種種族和信仰的人都有。

三十八、當你掌握了自己的內心，並願意待人如己時，就是成功活生生的實例。
三十九、恐慌與生意走下坡對你造成的干擾，不會比你自己的心事來得大。
四十、發現要贏得別人全心全意的合作很容易。
四十一、會公平對待對手，但實際上無人可敵，因為擁有多數人所不知道的力量。
四十二、失望打擊不了你，因為你知道，世事無常，任何事都有可能發生。
四十三、隨時都全力以赴，而且在逆境發生時，也從不覺得需要辯解。

你勾了幾項？假如具備其中四分之三的優點，那你大概就知道自己是「操之在我的人」，過自己的日子，了解自己的內心，無所畏懼不彆扭地做自己。

看完這份清單，你就能看出它所涵蓋的範圍有多廣。其中任何一個主題都可以延伸為長篇大論，而且上述這些內容本身就包含了其他許多建設性的觀點。假如現在回頭翻閱本書，並看一下本書目錄，你就會明白其他方面的內心概念與身體力行有多少和這份清單有關。理當如此。我們談的是放諸四海皆準的生活方式。

在不干涉他人掌控自己的情況下幫助他們

對於我是如何受到他人協助，又是如何協助他人，我有舉過幾個例子。請注意，真正有益的協助並不是來自「指揮」別人，而是來自幫助那個人找到並運用正等待被運用的成功特質。**在成功的道路上你無法拎著別人走，但可以透過為他指點方向來幫助他找到自己。**

父母有時會將自己相信的行為準則透過管教強加在小孩身上，但這樣做會使小孩什麼都學不到。我永遠記得家父曾把我毒打一頓，只因為我拒絕參加沒完沒了的禮拜，看五、六個「鐵桿教友」拚命要會眾極力想像身在地獄裡的慘況。

在某個星期日的早上，家父暗中尾隨我來到河邊，我則大刺刺地拿出了釣竿。他把竿子砸個稀爛，並賞了我一頓鞭子。要是他對他的馬這麼個打法，動物保護協會鐵定會來找他。

我那明事理的繼母聽到了我在慘叫，便跑來救我。她把家父從我身邊拉開說：「你要是再打這個孩子，我就永遠離開你。**你就不能讓他過自己的日子嗎？**」

儘管我對那頓體罰心有餘悸，但我更忘不了繼母的那句話，就像一道耀眼的光芒照進了我年幼的心靈。自此之後，家父再也沒有賞過我鞭子，而且我相信，我也讓他再也找不出任何理由動手打我。而我的確有自己的日子可過了，或許免不了身為小孩不時得對大人妥協這個那個，但總是得到愈來愈多的自由可以「**做自己**」，因為我的內心十分堅定，我要的就是做自己。我要補充的是，我繼母的影響力之大，最後竟把家父變成了一個和藹的人。對小孩你也可以「為了他好」而毫不留情面地說教，沒完沒了地糾正與諄諄告誡，如此一來，他的自尊很快就會蕩然無存。小孩成年後，一輩子都會依賴別人。

千萬不要干涉其他任何人的自主性。除非你是職業傳教士，否則不要說教。除非你的職業是教師，否則不要自以為是、不假辭色地教導；就算你真的是老師或傳教士，你的教導也應該以傳授真正的技能和背景知識為限。

不要指望會有其他任何人符合你的「完美」定義。不要指望會有任何事在你眼中呈現出完美，切記，世界的繽紛就是來自於不完美。說到了這點，我想起有個人說過，假如有天堂的話，他死後並不想去。我覺得這話說得有意思，便請他多解釋一下。

他說：「哦，我看不出來活在一切都盡善盡美的地方會有什麼樂趣。」

此人是美國最有名的生意人之一，內心擁有的平靜深不可測，我認為這點並非出於偶然。還有，我從來沒聽說過他想要改變什麼人。他說，而我也想這麼說，你絕對有辦法以別人既有的面貌來跟他相處，包括他所有的缺點和優點。

如果要持續掌控自己的內心，並容許別人掌控他們的內心，那就把某些看法擺在自己的心裡就好。你不必一輩子都在為自己辯解，而且這麼做往往是個錯誤。這尤其適用於會引起爭議的話題，像是宗教和政治取向。在這些事情上表態幾乎注定會引發無謂的衝突。

不管在宗教或政治上，我支持什麼都沒有人知道。因此，沒有人能拿我的立場來惹毛我，或是惹他們自己生氣。

有很多好事者試圖要刺探我的內心，以看看在這些方面能有什麼發現。有位女士曾經寫信給我說：「我看你的書裡沒有一本有提到耶穌，這是怎麼回事？」

我回信說：「這位女士，假如您願意以和我寫書時同樣的精神來讀我的任何一本書，您就會在每一頁都看見耶穌；不是在印上去的文字裡，而是在字裡行間。」

自持能帶來力量

要做自己，就要練習自持。鮮少有人控制不了自己的行為，但他們可能從來沒有靜下心來體認到，行為始於內心。當人的內心對人生只抱著卑微、害怕的看法時，**他所表現出來的樣子就是內心對人生只抱著卑微、害怕的看法。**

自持的人擁有其他許多人所沒有的力量，而且我要重申力量二字。最重要的是，他所擁有的力量可以讓他看清局面，研判實際情況，並大幅提高了機會，可以朝對自己對他人都好的人生局面邁進。

請回頭看看本章稍早所列的四十三項清單。第二十二項說，當人是自己的主宰時，他絕對不會想要報復任何人。我們就來把這點當成一個非常好的例子進一步闡述。報復可能表面上很甜美，但內在卻是性格的毒藥，並且與內心的平靜涇渭分明，就跟油與水不相容一樣。

有誰比美國總統更有資格報復一個曾傷害過他但卻想擔任公職的人？沒錯，我們來看看這麼一位總統，在他坐上那個大位前五年發生的事。

只要提到他當時是在伊利諾州的春田市 (Springfield) 當律師，各位就能輕而易舉猜到他是亞伯拉罕．林肯。當時有一家最早期的大型實業公司遇到了法律糾紛，林肯被法院派去和另外兩個律師一起處理這件案子。但這兩個律師是大城市的名人，並沒有把這個看似笨拙的鄉下律師放在眼裡。林肯辛辛苦苦地把案子的卷宗備齊，他們卻連看都不看一眼。

更惡劣的是，他們連跟他同桌而坐都不願意。這是公然羞辱，也確實傷人自尊。五年過去了。這個一臉苦相又極削瘦的人當選了總統。緊接著他就要挑選閣員，包括軍務部長一職，對於這個舉足輕重的職位，林肯發現有個人顯然是最佳人選，那就是愛德華・史丹頓（Edward Stanton）。[2] 而且林肯還清楚記得，史丹頓就是在春田時期對他極不友善的律師之一。

最後他還是任命了史丹頓擔任軍務部長。林肯是自己的主人，這點還有任何疑問嗎？他能如此既對自己好，也對眾人好。

有很多人都是追溯到某一次的重要經驗，才開始探尋自持這件事。我知道我自己就是如此。我有提過，我是靠著嘗試錯誤且吃盡苦頭才學習到內心的平靜，而下頭這個經驗就是個好例子。

我有過一間辦公室是在一棟舊大樓裡。有一天，我和管理員產生了誤會，後來他便決定給我好看。有好幾次我留下來加班時，他把大樓裡所有的燈關掉，讓我伸手不見五指。當時的我怒火中燒，而且情況愈演愈烈。

到了某個週日，我進辦公室去準備隔天晚上要發表的演說。我一坐到辦公桌前，燈光就熄了。

2 十九世紀美國律師暨政治人物，在南北戰爭期間擔任林肯總統的軍務部長。

我跳起來狂奔到地下室。發現管理員正在那裡烤著爐火，愉快地吹著口哨。我壓抑的怒火全部爆發了出來，我用比爐火還熾烈的話語咒罵他。

等我把話罵完了，他才直起身子笑著說：「噢，你今天有點激動，不是嗎？」他保持了鎮定。我學的是高等心理學，談的是黃金律哲學，學的是莎士比亞、愛默生、蘇格拉底的作品和聖經。我站在那裡，眼前這個人不識幾個大字，卻知道自己占了上風。

我慢慢走回了辦公室。坐下來思考，沒過多久我就知道，我必須向那個人道歉。我說不行，我既不能也不願意。但後來我還是站了起來，知道我必須找到和他之間的和平，以及我內心的平靜。

我來到地下室時，管理員已回到了他的小公寓。我輕敲了他的門，他把門打開，並以鎮靜溫和的語氣問我要幹嘛。

我說我想要為自己罵他的失控行為道歉。

他的臉上堆滿了單純的笑容，「出了這四面牆，就沒有人會聽到你的話了。」他說，「我不會把它說出去，我想你也不會把它說出去，所以咱們就把這整件事忘了吧。」

我們握了握手，彼此之間再也沒有摩擦和積怨了。我的內心裡有某樣東西掌控住了自己。我下定決心，絕不再讓自持溜走，絕不再漠視以內心概念的形式存在且今後絕對不會動搖的自我。

當下定了這個決心，我的筆便開始展現出更大的威力。我說的話別人全神聆聽，交友開始無往不利，而且輕而易舉就能教會別人要怎麼找到自己和做自己，並利用對自己的認識致富賺錢。

我徹底改變了嗎？不算是。我有一段時間注意到，某個記者對我發出了一連串惡意的攻擊。對於這些攻擊，我有四五年都置之不理，但攻詰卻變本加利、更加粗暴不堪，於是我決定先把不與人衝突的原則暫時擺在一邊並加以反擊。我坐在打字機前開始駁斥，我寫了長篇大論，文中充滿了惡毒的謾罵。我寫得愈多，就愈生氣。到最後，在我寫下最後一行字的同時，一種奇怪的感覺油然而生。那並不是對企圖整我的人所產生的憤怒感，而是種同情與原諒的感覺。我壓根就不想把那封信寄出去。

這是怎麼回事？我的看法是，我憤怒地敲打鍵盤的手指把我壓抑的憎惡與憤恨情緒轉移到了紙上，使我擺脫了這些情緒。我等於是為自己做了心理治療，並清除了潛意識的陰暗處。

這次的經驗使我得到了兩個好處。第一也是最棒的就是，體認到在任何被憤怒所把持的時候，我都可以「透過書寫來清理掉」。這是個很棒的方法，各位不妨試試。有的人是靠長程快走來達到同樣效果，有的人是縱情去做激烈的運動，然後才覺得恢復了自持。有的人則是把壞脾氣發在太太身上，但這當然會使雙方都受害。

第二個好處是，我會把生氣時所寫的一些東西整理歸檔，等過個幾年來看就會比較能理解當時的心境。這點值得一試，你會發現這是個非常有趣的過程，因為等你認識自己時，也會遇見更好的自己。我可以很高興地說，我有好多年都不需要像這樣去清除任何的怒氣了，因為怒氣再也無法閃避過我的指引天使。

你的內心是你唯一的主宰

你怎麼來到這個世上不是你決定的，或許離開也不是能夠取決於你。可是當你擁有這個生命時，幾乎就是完全操在你的手中。只要掌握自己的內心，藉由它來指引自己的人生，並且不要干涉他人的人生，光是這樣就能讓你成為自己命運的主宰、靈魂的統帥。

注意主宰自己和不要企圖主宰他人之間的關係。不幸福的一大原因就在於，意圖干涉別人的人生，卻花太少的時間來努力精進自己的人生。

掌握自己的內心無法由別人代勞，你也不應該容許其他任何人這樣做。你的內心就是你的主宰，但你的內心可以是個和藹可親的主宰，會回應你的需求和慾望，並想辦法在那些變得明確時付諸行動去實踐。地球上其他所有的生物終其一生都受制於固定而且無從抵抗的本能。**你則只受制於自己的內心所設定的模式，其他任何東西都限制不了你。**

耐心尋找內心平靜

假如內心平靜是簡單上一堂課就能得到的特質，那我會很樂意寫封短信來傳授箇中巧妙，而不用寫書。這本書是從許許多多的角度來探討致富與內心平靜的課題，並建構在一個足以媲美農人耕地、播種、照顧作物和等待收成的宏偉生產計畫上。要效法農人那樣有信心與耐心。同時要像農人一樣，把思想和行動運用在已證明可藉由自身耕耘帶來理想結果的地方。

假如遇到了逆境，就把它視為寶貴的教訓。年輕的時候，我通常一遇到逆境就退縮。現在看到它來臨時，我則會說：「你好，小傢伙！我不曉得你來是要教給我什麼教訓，但不管是什麼，我都會好好學，這樣你下次就不用再來了。」

在學會活出自己的人生後，我觀察到逆境愈來愈少出現、愈來愈微弱，直到最終不再出現為止。

活出自己的人生須經歷一番「大掃除」

當我們成年時，大部分人在人生中都已累積了一大堆「雜物」。等你開始了解自己，以及了解你想要建立的人生形象時，你就會看出哪些屬於雜物。把它們統統給扔了！

有些熟人會浪費你的時間，妨礙你的努力，並試圖擺布你，不妨就從捨棄他們開始做起，把他們從你的生活中清掉就對了！你不必把他們變成敵人，可是當你想做自己時，只要有人試圖在這個不可剝奪的權利上否定你，就想辦法對他敬而遠之。

還有自己製造出來的雜物則是導因於，對你想要怎麼利用每一天缺乏清楚的概念。訂定一份時間預算表，把時間花在必要的事務上。凡是想把人生過得既富裕又愉快的人，就得這麼做。

一天八小時是睡眠與休息的理想配置量。

一天另外八小時是經營事業或上班的理想配置量；可是當人生成功的模式逐漸

轉強後，你的工時多半就會變少。

剩下的八小時尤其珍貴。你應該要把它劃分成好幾個時段，每一段都用在你想要做的事情上，而不是你的待辦事項上。**你想要做什麼？**現在就停下來想一想，並列出像這樣的清單：

玩樂
社交生活
閱讀
寫作
彈奏樂器
增進在某個和謀生無關的領域中的知識
整理花圃
在住家工作室裡做點小東西
健行
划船
「閒坐」看雲起或觀看星辰

我重申一次，最後剩下的這八個小時尤其珍貴。那是你的自由時間，你可以完全照想要的方式來活出自己的人生。你或許會發現，這需要一番勇氣。你或許對別人懷有過度的責任感（往往是直接干涉的好聽說法）。你或許記得一清二楚，小時候聽過一些像是「遊手好閒，魔鬼上門」的鬼扯淡。但話說回來，要有勇氣才能做自己並避開一些壓力，包括同儕及世俗的壓力，以及讓別人主宰你人生的壓力。

在爭取成功的早期階段，你或許會投資部分時間去惡補一些商業課程，或是找一些其他的兼差來提升自己的收入，這都非常合情合理。但不要一整天過去了，卻沒有留下一點時間給自己。這些時間要照自己的意思，純粹用於消遣。這是做自己的一部分。這有助於你和自我保持所謂的聯繫。等到成功漸增，純粹享受的時間就要增加，而不要讓那些時間被事業或其他任何事所侵蝕。

不久前，有一位摯友來看我。他發現我穿著短褲躺在後院的草地上，和我的狗在玩球。

「真是奇景呀。」他驚嘆說，「我想你可不希望大家看到你現在這個樣子吧！」

「我一點都不介意。」我回答說，「我希望大家知道，我怎麼教人，我就會怎麼做。我在這裡所做的事就是我在此刻想要做的事。有誰能比做自己想做的事的人更快活的呢？」

假如說有任何人需要簡單形式的自由，我那位朋友就是。他在一家大型金融機構擔任營運主管，一天工作遠遠超過了八小時，而且常常加班到深夜。他賺了數百萬美元，卻沒有內心的平靜，健康也開始走下坡。

隔天他打電話給我，「你猜我過去這個鐘頭在幹嘛？」「我猜不出來，但我真的很想知道。」

他笑得很開心，「跟我的狗在玩。真好！」沉默了片刻，接著他說，「相信我，今後我會兼顧玩樂與生活了！」

我在多年前就寫下了本章的中心思想。威爾遜總統看了我寫的東西後說，「**這啓發了不屬於這個世界的思想。**」

還有一次，我開門迎接威爾遜總統時正穿著短褲跟我的狗在玩耍，就跟接待那位老友時一樣，他很感謝。這個日理萬機的人分享了有時間輕鬆做自己的幸福，儘管只有幾分鐘時間。

當你把自己當成自己的主宰，並把這種理念化為行動時，就是在運用至高祕訣。

09 致富心法總結

成就人的基本動力

賺錢的「基本要點」很重要，但基本要點要靠基本動力才能打造成可觀的財富。在服飾店、餐廳或不管去哪裡，都要拿出做自己的本事。在生涯中的任何時候都不要去模仿別人，因為這麼做可能會折損專屬於你並能為你建立財富的天賦。

不要讓別人收買你而不做自己

因為你會賺到錢，所以可能會收到他人的提議，想用錢把你綁在別人而不是你自己的事業上。這個點子也許會賺大錢，但有時這樣做等於是賣掉了自己的內心平靜與自主性。檢視本章所列清單上的四十三個項目，那有助於你觀察自己的現狀和可以變成的樣貌，那就是一個真正掌握自己的內心並且完全自主的成功者。

每個人都需要活出自己的人生

幫助他人不是要干涉他們，幫助他們找到並運用自身具備的成功特質。要盡量多給孩子自由，這點很重要。除非你是職業傳教士，否則不要說教，也不要教導太過。要接納別人的優點及缺點，因為即便是缺點也會使世界更加繽紛而有趣。

自持能帶來力量

當你把大部分的看法只放在心裡時，就能更沉著，同時避免掉許多和別人不必要的摩擦。自持有助於你掌控許多原本不見得對你有利的境遇；有助於你作出對自己好、對別人也好的行為，儘管你原本帶著憤怒或其他情緒。

你的內心是你唯一的主宰

你要成就什麼一定要先在你的內心裡醞釀出來，但你的內心是個和藹可親的主宰，會想方設法為你達成衷心及一直有的渴望。別的生物會受制於固定的本能，但各位只會受制於自己的內心所設定的模式。要耐心尋找內心的平靜。最重要的是，要好好記住，每天都應該要留下充裕的時間讓自己享受一下個人的小幸福。

10

建立自己的智囊團：超越科學的力量

人先建立內心概念，再將之化為現實，這才造就出偉大成就，但這股力量並不局限於自己內心的力量。其他無數的心靈都能和你的心靈調頻產生共鳴，並透過心電感應把思想傳達給你。組成智囊團是展開心靈交流的好辦法，等你組成了自己的團體，就會知道自己所運用的技術已有許多知名人士充分印證過它的優點。所有偉大的成就都是眾多內心協同合作的結果。

亨利・福特無知嗎？

我不打算暗示答案給各位，答案必須從你的內在尋找，我寧可跟各位談談福特汽車公司創辦人在法庭上的一次經驗。這個經驗其實影響了那個法庭裡的每個人，還包括法庭之外許許多多的人。

我們都知道，福特先生沒受過什麼正規教育。或許是因為這樣，無法苟同他對戰事上某些看法的《芝加哥論壇報》(*Chicago Tribune*) 便譏說他不學無術。福特先生提起了訴訟，控告該報誹謗。

《論壇報》的律師把福特先生請上證人席後，便輪番訊問他，企圖證明他們所言不虛。

他們所提的一個問題是：「英國在一七七六年派出了多少名軍人去鎮壓殖民地的叛亂？」

福特冷笑著回答說：「我不曉得到底有多少，不過我是聽說遠比有回來的要多就是了。」

法官、陪審團、觀審的民眾都不禁笑了出來，連提問被打槍的律師也是。

歷經一個多小時針對「課本型」題目的提問，福特始終是一派鎮定。到最後，在回答一個格外令他不悅的問題時，這位實業家有點火了。他說他的辦公桌上掛了一排電按鈕，當他想要找人回答問題時，他就會用手指按下其中一個鈕，以便把對的人叫進來回答那個問題。他想要知道的是，當他身邊有幹才可以把所有他需要的資訊提供給他時，為什麼還要把一大堆沒有用的細節放在心上？

這場審判是發生在多年以前，而且我敢說，我的讀者可能只有一小撮人記得結局如何。假如你不曉得某些事的答案，就發揮自己搜尋資訊的能力，去圖書館找答案吧。但我想說的是，福特先生的話迴盪在那個寂靜的法庭、全美國以及世界各地。他的朋友愛迪生肯定很欣賞他，因為愛迪生是另一個身邊盡是人才的人，也靠著他們大大拓展了自己的能力和內心力量。不管有沒有上過學都沒關係。

湯瑪斯・潘恩（Thomas Paine）[1]熾熱的內心曾協助起草了美國獨立宣言，並說服簽署人把他們心中的思想化為現實。他曾以令人難忘的字眼談到，偉大的知識寶庫正等著被轉入我們自己的寶庫中。我引述他一部分的話：

只要透過觀察自己的內心來觀察人類的內心，任何人都可以觀察到所謂的思想分成兩類：一類是我們透過反省與思考在心裡產生，一類則是自行滲入我們的內心。我一向堅持要以禮相待那些不請自來的訪客……我所擁有的知識幾乎全都得歸功於那些。至於任何人從學校教育當中所得到的學習，它的作用就像是一筆小資本，目的只在於把我們送上今後開始為自己學習的道路。每個肯學習的人到頭來都會變成自己的老師……

不是從自己的內心或經驗所得來的靈感，會是來自何處？這些想法顯然多半是

1 美國獨立的推手暨思想家，於一七七六年所出版的《常識》一書曾造成洛陽紙貴，論點主張天賦人權及人生而獨立。

受到別人的言語或文字所啟發，並事後從我們潛意識的記憶裡「重播」。或者也可能是個完全有意識的過程，就像我們坐著跟別人開會時那樣。

但所有的人都會接收到其他內心默默播送的念頭，並由我們自己的內心接收。這也是我們之前所提過的「植入」想法，現在就來更詳細地探討。

何謂智囊？

我把智囊 (Master Mind) 假想為無形又無窮的靈感水庫。它並非任人在任何時候都能隨意取用。可是當你跟另一個人或一些人頻率相近時，內心對內心的感應就會帶來價值無窮的「靈犀」。當一個人有一群跟自己保持良好關係的支援團隊時，可隨意支配的知識會比夥伴們透過外顯的方式所能給他的要多得多。他們的內心會不斷透過心智的傳遞力量供給養分，同時也從他的內心接收資訊。當朋友或事業夥伴組成智囊團來討論各種話題或問題時，情況也是如此。當聚焦在特定議題上的心靈有好幾個時，顯然會為最投入的心靈增添最強大的力量；即使在當下和後來相關人等可能分隔遙遠，播送的想法仍會繼續產生交流。這不如言談或文字溝通來得明顯，但它的力量卻勝過科學所能解釋的任何事。

我對觀察這個原子時代的科學如何在這個方向上「密切呼應」五十年前的科學深感興趣。當時我們可以列出八十多種元素（現在能列出的更多了），而且我們知道，元素是由彼此分隔的極小粒子所組成。我們開始知道，元素內部有許許多多的空間，所以從某方面來說，沒有什麼是「固體的」。你我、我的寫字桌、我的打字機、就連一個點都是由原子所組成；而原子則包含了電子，它不是繞著軌道旋轉，就是迅速來回振動。現在還假設有其他的粒子，例如中子，原理依舊相同。無論你觀察的是在天空閃耀那顆最大的星星，還是沙灘上數十億顆沙粒裡最小的那顆，都一樣是粒子、空間和電荷的組合。

五十年前，我們開始有一些證據顯示連最微小的粒子也不是「東西」，而是成束的振波。我們還知道了，不同形式的能量會以獨有的形式穿越空氣與太空，那是因為振動頻率不同。因此，從每秒十五次左右開始並上升到每秒一萬五千次左右的振動是可以被人耳察覺到的聲音。超過這個範圍的振動，我們就再也聽不到了。但來到每秒約一百五十萬次的振動，就開始出現了所謂熱的能量形式，我們就能以另一種感官感受到它。

把振動的刻度往上移，所出現的就是光。它經常與熱結合，而且這會被我們的眼睛察覺到。最低的光振是始於深紅色，最高的是紫色，其他所有的顏色則處在兩者之間。超過紫色的振動，差不多每秒三百萬次，所出現的就是紫外線和其他用肉眼看不到但可以用儀器偵測到的振動。

把刻度再往上移，我們還說不準要往上移多少，思想的振動或許就在那裡。這是閃現在不同心海內無聲也無影的振動。

亞歷山大．葛拉姆．貝爾博士 (Dr. Alexander Graham Bell)[2] 是振動學的權威，我們向來會把他的大名跟電話連在一起。他曾表示過，我們人類的感官還無法體察到熱與光之間任何的振動作用。他說：「……在人類尋常感官無法聽到、看到或感覺到振動的大空檔裡，這些振動的作用一定有很多可以探究的地方。靠以太 (ether) 振動把無線訊息傳送出去的力量就存在那個空檔裡，但這個空檔大得不得了，看起來必然有很大的目的……在我看來，我們認定大腦和神經細胞在我們思考時所發出的振動就存在這個空檔裡。不過話說回來，它可能又要把刻度往上移到高過產生紫外線的振動〔我自己的理論〕。」

「思想和生命力為什麼可視為跟電力具有同樣的性質，這點可以舉出許多理由……我們可以假定，腦細胞的作用就跟電池一樣，所產生的電流則是沿著神經走。可是它就以此為限嗎？它不會穿過身體，化為我們的感官所察覺不到的電波在世間流動嗎？這就跟赫茲 (Herz)[3] 等人在發現無線電波存在前，也察覺不到無線電波的穿越力一樣。」

場論和思想轉移

愛因斯坦用數學證明了，宇宙遍布著廣大的力場。力場是來自每條承載電流的電線，少了它我們就不會有電動馬達、收音機或電視，也會少掉一大堆其他的便利用品。那麼，當電不斷沿著傳導神經和身體細胞來回穿越時，為什麼就不該散發出力場？為什麼就不該跑遍世界、進入太空、永遠存在？

$E=mc^2$ 是愛因斯坦在將近六十年前提出的偉大概念，現在它的具體實現對我們的世界來講既是威脅也是助力。這個公式確立了質量對能量的轉換，並說明了在核電廠和原子當中所運作的巨大能量。人人都看得到，我們對核電的運用徹底證明了質

2 十九世紀加拿大發明家暨企業家，貝爾電話公司創辦人，擁有世界上第一台可用電話的專利權。
3 十九世紀德國物理學家，首先用實驗證實了電磁波的存在。

量即能量。既然能量就是振動，因此一切無疑都是振動。你我現在都知道，我們亦是振動，這點無庸置疑。

依照選台鈕的刻度把收音機轉到任何電台的頻道上，使收音機對應到那個振動，然後收音機就會把它變成你可以聽到的振動。與你頻率相同的其他內心自然「播送」無處不在的振動到你的內心，這有什麼好奇怪的嗎？它和收音機可以聽廣播一樣不足為奇。收音機的定律到最後被找了出來，所以思想振動和接收的定律有朝一日也會被找出來，我們現在用得一知半解的自然機制將會掌握在每個人的手中。

如何組成和運用自己的智囊團？

各位現在了解到，每當兩個或更多的心靈為了追求明確的目的而水乳交融合地在一起時，這種聯盟所產生的力量會遠勝於各自為政。

這就是智囊的原則。它並不會牴觸你對自我的掌握。事實上，全然做自己的人更能平和又無礙地接受其他內心的想法，因為他的自我不會有被淹沒的危險。「個人成功學」就是產自一個智囊聯盟，我的盟友正是我多年來所訪問及合作過的那五百多位成功人士。

擁有內心平靜的人總能同時擁有施與受的能力。在應用智囊的原則時，你不只是去和別人分享知識，還有機會從別人身上得到很多。而且你所吸收到的東西可以增進你致富的力量，並大大超越現有的格局。

因此，為了從智囊的法則中獲致無窮的好處，不妨採取以下的步驟：

一、**你的智囊圓桌**：首先邀請兩、三個跟你很熟的人一起共襄盛舉。你和這些人一定要彼此志趣相投。說明聯盟的主要目的是要在心靈和精神上共同成長，同時你們一定會得到這種發展自然會帶來的實質好處。

二、**你們不是辯論社**：要在一開始就聲明，你們的團體聚會不碰觸會引起爭議的事，比方說政治、宗教這類敏感話題。你們的目標是互相提攜知識能量，根基是以各個成員從人生中所得到的經驗。

三、**討論要保密**：討論和合作必須侷限在團體內。了解到這點後，人人都可盡情自由發言。

四、**容許團體成長**：有時團體可能會擴增另外的成員。不要讓聚會規模擴充過大而使運作變得笨重。任何新成員都必須得到全員一致通過才能加入。

五、**納入試招選舉**：除了智囊團的初始成員外，可以為期一個月或你們方便的期限試招新成員，再透過投票來決定去留。必須跟新成員坦言及強調和其他人和諧相處的必要性。而且讓他知道，假如最後你想把他請出團體，也不表示他不夠格。

六、**認同人生成功的普遍原則**：切記，假如有任何一個圓桌成員不認同比方說，他應該要把自己的知識和經驗完全貢獻出來，那他就會引發扞格，你們的努力則可能會徒勞無功。建議成員要一致認同本書列在各章清單裡的原則，包括內心平靜的特質（前言）與沉著（第九章）；還要坐下來一起探討書末的總結清單。

七、**輪流擔任主席和「理事」**：每個人應該要輪流擔任主席。主席要留意所有成員都有參與討論、自由發問，以及自由陳述個人的經驗。他應該要請每個發言人站起來發言，並協助他在「起立」發言時保持鎮定。他應該要堅守任何講好的時間限制，以防止囉嗦的成員占用到別人的時間。輪流當主席，讓可以專心聽人發言的「理事會」成員因而自然產生輪替，進而得到不同的心靈來為他服務。

八、**當團體是由同事組成時**：當智囊團是由單一事業體或同家公司的員工所組成時，應該要把管理階層和基層人員都納入。這樣運作下來會自然讓合作的情誼變得深厚、增進對事業的益處以及對參與人員的福祉。

九、**訂出主要目的：**除了個人目的與問題要提出之外，整個團體還應該訂出某個主要目的或活動讓所有成員共同執行，以造福團體以外的人。例如有一個活動是一週一次的「個人問題會診」，就是邀請民眾把個人問題帶來讓擔任「個人問題會診」的社團來給建議。當一個活動完成後，就應該另外再選一個進行。

對智囊聯盟的進一步提點

既然本書的目的之一是要讓各位不必從嘗試錯誤中學習，那我就列出自己和別人已經從中學到的一些教訓。

建議各位不要對團體以外的人透露智囊聯盟的真正目的。要記住有很多人喜歡與失敗為伍，他們不把努力對準成功，反而會想扯別人後腿。這種人會嘲笑智囊的原則。他們的嘲笑雖不一定會造成你的困擾，但有此可能。而且無論如何，在組成你的團體這件事並不需要別人說東說西，只需要自己作決定。

當你跟智囊團一起坐下來時，一定要把所有的負面心態拋到腦後。你們的聚會應該要以最強的信號找出和掌握正面的心態。此外，身為智囊團的領袖，你有責任展現出自己的熱忱，並讓別人分享這種可貴的情緒。(不用擔心自己分享熱忱的本事如何，因為沒有任何一種其他的情緒會這麼「有感染力」！)

務必要設法讓團體中的每個成員在每次聚會時都有所收穫。熱忱與和諧會隨著每個人所獲得的報酬而亦步亦趨地增長。

智囊團並不是把競爭對手湊在一起的地方。團體中不該有人對其他任何成員懷抱著敵意，也不該有對其他人隱瞞任何事的動機。記住，信賴是一切和諧關係的基礎。要找你信得過的人來組成團體，並確定他們也信賴你。

成千上百萬人都需要「個人問題會診」

我要愷切地重申，每個智囊都應該有個團體共同的目的來造福團體以外的人。這個原則十分重要，所以我會詳述「個人問題會診」的觀念，它肯定是任何團體所能從事的一種最佳公共服務。

我們來看幾個典型的應用實例。

假如我是壽險業務員，可能的話，我會一週舉辦兩次這樣的會診。現代的壽險人員被看成多功能的家庭事務顧問，比方說規劃家庭預算。在花時間來講述自己或別人的人生經驗時，你很可能就會在需要買壽險的男男女女心裡留下了難以磨滅的好印象。

假如我是牧師，我所舉辦的「個人問題會診」會遠遠擴展到平日所服務的教友以外。我會請各行各業中最能幹的教友跟我坐在一起擔任顧問團。我不會期望自己本身能獲得回報，只要我的付出能讓教會每週日都座無虛席，那我就心滿意足了。

假如我是學校教師，我會體認到，碰到問題不會大吼大叫的父母才是比較可取的家長，會比較有能力引導子女。我會舉辦讓兩代都能受益的會診，這所帶來的好處則是我的學生更能記住我教的東西，並成長為更優秀的公民。

假如我是醫生、牙醫、整骨師、整脊師或自然療法師，我會舉辦會診來造福我的病患，並歡迎他們帶朋友和鄰居一起來。由於理解到很多病都源自心病，所以我會趁此機會治好我所能治癒的疾病，一時治不好的也可以加速病患痊癒的過程。

假如家中有青少年的家長，我會為每個家人舉辦「個人問題會診」。我很可能會邀請鄰居來參加。

我指出舉辦「個人問題會診」可以為各位帶來的好處。各位或許一眼看不出來，但儘管放心，各位獻給世界的任何好處都會在某個時間點以某種方式回到自己身上，回報也許還會提高上千倍。

透過無止境造福他人且不求金錢回報這麼簡單的過程，已故的聖雄甘地使自己成為史上最偉大的施主之一。他大概比其他任何曾活在世上的人都要令人懷念。他把數億個出於自由意志的印度同胞吸引到了自己身邊，他所得到的回報則比我們大多數人夢想得到的回報都要來得大，那就是印度獨立。

你的智囊團必定是小團體。可是當你把它推向世界，不管是透過「個人問題會診」、投身贊助青少年俱樂部或某個福利機構，還是任何你可以選擇的團體計畫性活動，你的內心就會自動感應到其他許多內心和你的目的頻率一致。這裡就有無可限量的富有！

政治上的智囊原則

在和一些勝選的政治人物談話時，對於他們「講求實際」的態度，常在當下令我感到憂心不已。一旦靠選票拿到了權力，他們往往就會把那種權力拿來如球桿般揮舞，恣意展現自己的影響力，而不去關心必須遵從他們所訂出來之法案的人民。真正偉大的人不會這樣，但遺憾的是，有不少選上公職的人都很小鼻子小眼睛。

假如我是鎮長或市長，我會在活動中心或市政府開辦「個人問題會診」。我的會診顧問將匯集各種最高明的人才，包括律師、醫師、教師、銀行家、建商，使任何民眾都能找到人來幫忙解惑。

我會明訂舉行會診大會的時段，一週至少一次。隨著會診吸引到的人愈來愈多，我可能會考慮將它分成小組。當然也會安排顧問來處理沒有會診時的急件，並在有必要時追蹤特定個案。

我的回報呢？我相信，任何一位市長這麼做的話，這個位子他想坐多久就能坐多久。但這只是次要的回報，真正的回報則在於，知道自己已把政府提升到了一個照顧個人的人性化新境界。

靠平靜與和諧來強化你的內心

你以為人生只會帶給你平靜與和諧嗎？要是少了衝突與必須解決問題的時刻，人生真的會很乏味。克服困境能幫助我們成長。假如解決問題之於學習不是這麼不可或缺的話，我們能由人生中所汲取到的教訓就會少之又少。

然而若以平靜與和諧為根基來運作思考與情緒時，你碰到問題時就能以「超乎理解」的力量來解決。

即便是暫時得到平靜也具有強大的助力。醫生常常建議某些病症的病患最好換個環境。不一定是氣候本身跟療癒過程有關係；比較關鍵的是換了場景。新面孔、新景象會把內心帶離它已習慣待的煩惱牢籠。當病患在林間與山丘上平靜地漫步時，「奇蹟」療法就已經在奏效了。

當你變得愈來愈熟知自己的內心時，就會發現有辦法保持內心的和諧，無論周遭發生了什麼事。在此同時，試著每天刻意找個時間讓內心去感應平靜而非衝突，祥和而非對抗。

過了一陣子，當你獨自安靜地坐著、行走或躺著時，你就會感覺到和諧彷彿從外在的來源淙淙流進了你的心裡。這是千真萬確的事，因為當你讓內心敏於接納時，任何和諧的心靈都有可能用相近的頻率感應你的內心。

家庭和諧的重要

現在各位就能明白，當我談到家庭的和諧時，我談的不只是不要吵架而已。家庭的和諧是種滲透力，會不斷流進和流出心靈電路並調整你的內心，使它保持平靜與持續的和諧。

我們家庭是以和諧與關懷為主要基調，在家裡所做的一切都會使我們感到愉快，包括家務也是愛的勞動。

有時我和內人會去遠足，或是開車到鄉間走走。回來時都很神清氣爽，回想著遇見的新面孔、新景觀或是新的體驗，然後高高興興地回到讓人覺得窩心的家。

找到自己擺脫煩惱的簡單之道

在〈列王紀〉*(II King)*[4]第五章，各位可以看到亞蘭王的元帥乃縵的故事。這個有錢有勢的人得了痲瘋病。他求治於先知以利沙，以為以利沙會提供某種複雜神祕的療法。但以利沙只是說：「你去約旦河中沐浴七次，你的肉必復原，你必得潔淨。」

4《希伯來聖經》的一部分，據估約在公元前六世紀到前五世紀之間完成。

這則故事或許是個寓言，但告訴我們大道至簡，麻煩通常有很簡單的方法可以化解。我不否認有時會出現非常嚴重的麻煩，但我注意到，絕大多數的麻煩都是小困擾，卻造成了某種「模式」的困擾與煩惱。把小煩惱送入內心，它就會替大煩惱養出不小的胃口。

煩惱最大的靠山就是，呆坐著淨想著煩惱。這會增進煩惱的威力，進而把愈來愈強大的根扎入滋養它的內心裡。

最能消滅和根除煩惱的方式則是，把對煩惱的焦慮反應轉化成某種建設性的活動。藉由採取行動，使內心專注在那個行動上。藉由運用肌肉可以讓內心喘口氣，無論再溫和的動作都可以。

我有個朋友對於應付煩惱有個新奇的辦法。他會走到屋外的花園去賣力鋤草，直到搞得滿身大汗為止。

或許不用這麼賣力，可以做些手工或木工來消除煩惱。還有，把內心轉向協助別人解決他的問題當然也是上策，連臥病在床的人都適用。

但千萬不要複雜！在本書中，我們所談的東西很多，各位不妨偶爾回到這節來重溫觀念，亦即內心平靜主要就是簡單地活著。經常有人說，等你真正認識那些顯赫的成功人士之後，就會發現他們其實是「相當簡單的人」。的確是，不管他們的智力高到什麼地步。有效率的內心會掌握既基本又簡單的法則，並以此來建構一切。

我不禁想到有個人因參加了智囊聯盟而獲益良多。他說受益最多的就是在旁人協助之下，透過別人的雙眼看到了自己的問題，最後終於看出了自己的問題有多簡單。他說他以前習慣把問題彼此相乘，然後就看到積數大得不得了。當他逐一檢視自己的問題時，問題很快就都解決了，內心也開始前所未有地輕快了起來。

至高祕訣蘊藏在本章裡，就如同書本蘊藏在構思它的內心裡。

10 致富心法總結

內心可以讓你超越自己

像亨利．福特和愛迪生等人都善於把別人當作知識和技巧的資源，藉此擴展自己有限的天賦。我們也能不靠言語來接收其他心靈的想法。「每個肯學習的人都是他自己的老師」，而且他一面向人生學習，一面也會向「不知從何而來」的思想學習。雖然看似如此，但其實這些都是從其他頻率相近的內心傳送思想到自己的內心。

智囊：無窮的寶庫

五十年前，科學家假設了元素的振動理論，原子能的發現也充分證明了這點。所有的能量都是以不同的振動頻率前進。思想的振動一定就位在這個振動頻譜內的某處。你在收音機上轉台時就是讓它對應並接收特定電台的信號。你的內心也是這樣在對應頻率相近的其他心靈，並接收其思想。

組成屬於自己的智囊團

找熟識的人來組成智囊團。一開始就表明不討論有爭議的話題且討論要保密。

一定要經過全數同意才能招收新成員，而且要納入試招選舉。要認同追求人生成功的基本原則。要輪流擔任主席和「理事」。讓團體中同時包含管理階層和基層人員。「個人問題會診」已證明是最受喜愛的活動方案。保險人員、牧師、醫師或其他任何人都可以舉辦。假如鎮長開辦會診，並把接受會診民眾的任何問題都處理到好，他就能為自己的市鎮帶來福祉。

靠平靜與和諧來強化你的內心

人生要是少了問題和衝突，就會很乏味，但內心深處的平靜與和諧有助於讓許多問題自行化解。改變一下常能利人利己。如果要避免煩惱，可從事體能活動讓內心專注在其他事情上，或是幫助別人解決他的問題。有些人往往會把問題彼此相乘，但智囊團有助於你把問題分開來逐一解決。

11

從不朽的補償律中獲得強大助力

補償律對你有利也有弊，端賴你引用它的方式。可能要經過許多年，惡行才會受到懲罰，善行才會得到回報，但你總會得到補償律的結果。老天一定會在事後把任何過頭的事平衡過來。一旦了解到補償律可以將任何人帶向偉大的成就，任何人都能掌控它在自己身上的運作方式。恐懼得以被補償律取代，嫉妒和怨恨也會從生命中消失。

到任何一間美國的公立圖書館去，即使是非常小的分館也一樣，向館員詢問愛默生（Waldo Emerson）[1]寫的關於「補償」的書。館員一定都能告訴你，愛默生的作品究竟是擺在哪一個架上。雖然外表只是一排不起眼的書，但我卻認為它蘊含了且散發出成功的能量。

1 美國十九世紀思想家、詩人、演說家。是美國文化獨立代言人及超驗主義運動領袖。崇尚自然、自我與精神價值，鄙棄拜金主義，其學說被譽為「美國最重要的世俗宗教」。

收錄〈論補償〉(*Compensation*)的那一冊書很容易找到，它是最常被翻閱的一本。但可惜的是，這一本經常付之闕如，可能是用功過頭的學生把它借去寫報告而留在身邊了，或是有人很納悶自己身上為什麼還沒有看見明顯的進展，因此不願歸還，以便一看再看。

那些人不解失敗因子就潛藏在侵佔行為裡，別為了他們嘆氣；為大眾做點功德，再買一本送給圖書館吧。

也替自己添購一本。只要把〈論補償〉看過三遍，你就會看上一百遍。你會想要在床邊擺上一本。對於想要了解自己、了解世界並找到奇妙的內心平靜長相左右的人來說，它是必讀之書。

補償律的功效

在本章結束前，我們會回頭談這篇八成是史上最重要的文章。現在我想要跟各位分好幾個部分來說個故事。這是我的親身經歷，是真實的故事。

各位都知道我犯過錯，有時還會陷入不好的情緒。要是沒有從錯誤中學習，我就不會認為自己夠資格給人忠告；但還好我扎扎實實從中學到了東西，並透過這些辛苦得來的知識建立了成功與內心平靜。

幾十年前有一回，我曾經歷了個人的危機，人生因此被「困住」了。那算是一次冒險，除了算是個寶貴的經驗之外，它就沒帶給我什麼別的了。我發現有必要在財務、心理和精神上都從頭來過。

在喬治亞州亞特蘭大的市中心商業區時，我去拜訪了一位曾是事業夥伴的朋友，馬克．伍丁(Mark Wooding)。他不久前在商業區的精華地段開了一家大型餐館。

馬克告訴我，他的生意陷入了嚴重困境。他沒有考慮到的事情是，亞特蘭大市中心的店家每晚都早早就打烊了，或者起碼在那個時代是如此。商店那麼早打烊，就跟墓園一樣寂靜。

結果就是他在午餐時間賺到翻，但到了他指望能賺到原本應占總營收大部分的晚餐時段，客人卻是三三兩兩。有沒有什麼辦法可以說動別人去他的餐館吃晚飯呢？他的腦中一片空白。

我的內心充斥著自己的問題。但我老早就學習到，**當人對自己的問題無計可施時，最好的處理方式就是找個問題比你更大的人，並幫助他找到解決之道。**我把自己的思緒轉移到了思索朋友的難題上。

環顧四周，我發現他有間漂亮又可以容納好幾百人的餐廳。設備一流，地點也很不錯，是個就在交通要道和停車場附近的三角窗店面。大家很容易就能抵達餐館，而且菜色豐盛，用餐氛圍愉快。但要怎麼把客人吸引進來呢？

透過演講送出我想推廣的資訊

我的內心瞬間閃過了答案。我建議馬克，可以讓我來開個「個人成功學」講座。我每晚就在餐廳裡面開講，而講座則免費開放給所有來用晚餐並留下來聽講的人。

我們透過當地報紙宣布了這項活動，並且把印好的傳單發給區內所有的店家。結果呢？

第一天晚上，我們婉拒掉的客人比我們所能容納的客人還多。此後我們便很少有哪個晚上是不必謝絕一大堆想擠進滿到不行的餐廳的人。馬克的晚餐進帳以破紀錄的速度成為營收的主要來源。

花費的成本呢？只有廣告費。我當講師都習慣收演講費，但現在我是自願服役，不向需要援助的朋友收費。此舉開啟了某些看不見的力量，而這是故事的第一部曲。

補償律開始在我身上發揮作用

我們手上沒有水晶球可預知未來。大智大慧的造物主已明智地把這種力量從我們身上去除。但假如我有這種力量的話，就會看出自己這個無私的付出會是我這生中最重要的轉捩點。即使到了現在，一想到我當年的舉手之勞最終得到的補償，我清楚知道我所獲得的酬勞相當豐厚。在我們繼續往下說之前，記得我的例子：**藉由幫助朋友看病，我也看好了自己的病**。現在暫停一下，想想你可以怎麼運用這個強大的法則。它永遠會帶來回報，而且常常還不只是金錢。

我的成功哲學講座吸引了形形色色的人到伍丁的餐館來。其中有好些企業經理人，其中包括一位喬治亞電力公司的主管。此人對我的講座留下了很深的印象，於是便邀請我去當一場私人聚會的演講來賓，與會的多半是南部幾家電力公司的高階主管。

補償律蘊藏在我四周不斷發散著影響。在那場私人聚會裡，有個聽眾是南加州電力瓦斯公司的主管荷馬．佩斯（Homer Pace）。我講完後，他便過來自我介紹。他告訴我說，他已經服膺「個人成功學」許多年。

他說：「我有個朋友想引介給你認識。他是一所小型學院的校長，而且有一家規模不小的印刷廠。他對你的語錄倒背如流，所以我強烈懷疑他是你的另一個遠距的學員。你們應該互相認識一下。你願意寫封信給他嗎？」

我立刻就寫了信。這位校長暨出版商馬上就到亞特蘭大來找我。在兩個小時的晤談中，康科德智者 (Sage of Concord)[2] 的靈體或許就停在我的身後微笑，那是愛默生所得到的封號。校長和我達成了口頭協議，我搬到他的家鄉去把整套成功學重新整理，然後由他來出版。

模式會展現在許多人的生命中。一如各位所見，當我需要出版商時，只要遵照我自己所傳授的哲學，總能找到一位可以幫我的人。

在一九四一年的元旦，我開始整理「個人成功學」，如今我也贊助了遍及國內外的學校來教授這門課。

我找到了非常特別的補償

回頭來看，我才發現就在遇到馬克·伍丁前，我所碰到的那個逆境使我陷入了某種幾近震驚的狀態。後來我把那種驚嚇轉化為賣力工作、愛的勞動。**每個不幸或逆境總是埋著同等或更大福氣的種子**。不久後，我就找到了自己從來都不認識的內心平靜。

在我繼續這個分好幾部的補償律故事的第三部前，我要表明的是，我的內心壓根沒想到要談戀愛。至於結婚，那更不像是會發生在我身上的事。但一顆平靜與積極的心並不會懼怕新的想法或境遇。

之後我搬到南加州的某個小鎮，租下一間剛好就在出版商的祕書家附近的公寓。我到那裡之後，有好幾個月的時間，我只是在平日上班時間看到那位祕書坐在辦公桌前頭。

她父親在她還很年輕時就過世了，此後她就成為家中支柱。當時她已經在這個家族事業裡服務了兩代人，位居要職，而且工作得相當開心。在資助妹妹完成學業和做好主管職的雙重責任之下，她忙得不可開交。她完全沒有結婚的心思，可以說那是最不在她規劃之中的事。

此時或許是有個帶著弓箭的愛神站在我的身後微笑。我偶爾會邀請那位祕書跟我共進晚餐。我們有時也會去鄰近的一個鎮上看戲。撇開家裡和辦公室裡的事不談，我發現她的個性就很不一樣，而且真的很好。

這名女子幾乎是我所認識那位最棒的女性，也就是我繼母的翻版，難怪我對她

2 愛默生於一八三四年定居於美國新英格蘭的康科德城，故得其名。

心生仰慕！我們的感情開始迅速進展。我們時常開車去旅行，到了週日早上則會開車到鄉間，一起收聽摩門禮拜堂的廣播。

補償律的運作方式奇特又難以逆料。後來我跟這位深深吸引我的女子分手了。首先，這種模式又開始了，我失去了出版商。珍珠港遇襲和後來的情勢對我那位出版商的生意影響至鉅，以至於他跟我的協議突然喊停。

接著我離開那個小鎮。我前頭提過的萊圖爾諾公司打了通電話給我，我便去他們的喬治亞廠接下那件重要的公關任務。

我注定會在那裡得到一生中最棒的機會來證明我傳授的哲學深厚扎實，足以建構出和諧的勞資關係。我可以毫不誇張地說，我對那座擁有兩千位員工工廠所產生的影響，是把每個人都變得更好，連同管理高層在內。後來我讀到報導說，太平洋戰爭的成功大幅仰賴了美國得以把大量土石運到占領的島上去蓋飛機跑道。萊圖爾諾的挖土機被大舉運用在這些工程上，我或許也有間接的貢獻。

又是一個機會帶出了另一個機會的狀況。我決定再次出擊，讓我的哲學在產業界可以更加普及。我要籌拍一部相關的影片，於是便決定遷往洛杉磯這個電影重鎮。

我並沒有把南加州那名讓我動心的女子忘掉。她對我也一樣。在我出發去西岸的前一天，她成了我的太太，同時也是我的祕書、無價的事業夥伴，以及我的智囊團裡最重要的成員。我們現在樂在這種完美的夥伴關係中超過了二十年。此謂之補償也！

「每個行為都會回報給自己」

這是愛默生說的，我們等下就會談到他。我相信各位都明白，任何行為的回報或許並非字面上的「回報」，也許可能是種懲罰，假如行為理當受懲的話。就此處所指的意思來說，行為會回報給它自己，而不是給你，所以用「回報」很恰當。

你或許會說，這只是老掉牙的道德勸說罷了，的確是，但它也是現代的教條，在人類發明輪子時適用，在人類發明出用試管複製自己的方法時，八成也適用。然而它不只是教條。我向各位說明過補償律在我人生中的作用，就是希望各位停下來想想它對自己的影響。各位會看到，這些定律證明了因果這件事。你採取了某個行動，效應便就此展開。但數千年來的說法都提到了一件事實，**那就是要怎麼收穫就怎麼栽**，這是偶然嗎？當我們「行善不求回報」時，真的會有善報，這也是偶然嗎？

我們把補償律視為能為我們帶來更好的工作、一筆財富和實現自己的機會、也與能成為終身愛侶的人相遇，然而還有很多東西則沒被我們看到。**看不見的沉默力量不**

斷在影響我們。有些對我們有利，有些則有害。本書有許多篇幅是在談人生實際的生計面，但書中也有談到看不見和無所不在的東西。我教各位如何心靜致富的同時，也會教各位要如何選擇友善而非敵對的無形力量，以及要怎麼把有益的力量變成自己的盟友。

現在我們就伴著燭光，在愛默生滿室書香的書房裡跟他一起沈浸吧：

每個行為都會回報給它自己，或者換句話說，它會在兩層面把自己完整結合起來：首先是在事物（即真實性質）上，其次則在境遇（或外顯性質）上。人把這種狀況稱為報應，隨機的報應是發生在事物上，凡人都看得到。境遇上的報應則要靠理解才看得到，它雖和事物密不可分，但形成的時間多半很長，所以要等到多年後才會變得清晰可見。某些特定的傷痕可能會在傷害過後很慢才呈現出來，但終會出現，因為它是相伴而生的。罪與罰本是同根生。罰是包藏在歡愉花朵裡意外成熟的果實。因與果、手段與目的、種子與果實都無法切割分離；因為果已經在因裡開花，結局早就存在於手段裡，果實則在種子裡。

回想一下我仔細跟各位說的故事；我人生中的這四段成功，就是從亞特蘭大的伍丁餐館開始。這幾段成功背後的因，是我為幫得上忙的朋友奉獻一己之力的簡單舉動。要是我把這奉獻的舉動換成了某種自私又無益的舉動，我現在就享受不到這些福份，而且可能還得承受著由同樣的補償律注定會帶給我的處罰。

「我們所有的買賣都有個沉默的第三方。」

記住這點！康科德智者接著說：

人終其一生都擺脫不了愚昧的迷信，所以才以為自己會受騙。但人不可能只受別人騙，而不會被自己騙，就跟東西不可能同時存在又不存在一樣。我們所有的買賣中都有個沉默的第三方。事物的本質冥冥之中會自行擔保每份合約都獲得履行，因此誠實的奉獻並不會是損失。假如你侍奉的主子忘恩負義，那就多侍奉他一點。讓老天幫你討公道，每一筆帳都會要回來。回報拖欠得愈久，對你就愈有利，因為利滾利就是動用這個金庫的利率。

沉默的第三方！有一股看不見的力量會以永無休止的方式確保我們跟世界所訂的「每份合約都獲得履行」。現在我們就來看看，愛默生是怎麼表達他對於每個磨難都埋著同等或更大福氣的種子這點的理解：

變化會以短暫的間隔把人的順遂給打破，這是在揭示成長永遠是大自然的定律，而且每個人都會在這種與生俱來的必要性之下脫離事物的整個體系，朋友、家庭、法律和信仰，一如貝類爬出美麗卻堅硬的外殼，因為那再也無法容納牠的成長，並慢慢組成新家……但在隔了很長的時間後，災難的補償也會變得容易了解。發燒、傷殘、殘酷的失望、破財、失去朋友，在當下似乎無法償付的損失，而且也償付不了。但不變的歲月透露出，所有的事實都蘊含著深刻的治癒力量。

摯友、妻子、兄弟、戀人的逝世看起來雖是苦難，但在事過境遷後，它就會帶出指引或誘發出天賦的一面；因為它通常會為我們的生活方式帶來革命，終結正等著結束的幼兒期或青春期，打破習以為常的工作、家庭或生活之道，並形塑對人格成長更友善的新改變。它會允許或強迫新的熟識對象形成，同時接納往後幾年最重要的新影響力；而且有些人原本一直是日照充足的園中苗，由於盆中土不深，頭頂的陽光也不太多，但後來牆面坍塌與園丁疏忽，於是便成了林中為廣大的鄰里居民長出樹蔭和果實的榕樹。

假如愛默生不是早在我出生前就寫出這些話，我很可能會以為他是寫給我的。

你是不是覺得，他或許也是直接為你而寫的？一面讀的時候，請一面拿我的故事提醒自己思考一下自己的經驗。我所學到的教訓也是成千上百萬人都有學會的教訓，沒有一個人會和自己四海之內的兄弟多不同。

我尤其受惠於愛默生對於恐懼這個題目的看法。還因而促使了我自發性地做了大掃除，把內心裡所有會滋生恐懼的地方清掃乾淨，我希望下面這段話對各位也有同樣的效果：

> 恐懼是偉大智慧的導師……他總是在教導一件事，那就是他出現的地方就有腐壞。他是專吃腐肉的烏鴉，雖然你看不太出來牠是為了什麼在盤旋，但某處就是有死亡。我們的體制怯懦，我們的法令怯懦，我們的上流階級怯懦。政府和體制長期都受到恐懼的預示、提醒與叨念。那隻惹人厭的鳥無事不登三寶殿。牠凸顯出了必須改正的重大過錯。

雖然我曾一心羨慕那些看似較幸運的人，但在受到下面這段愛默生談補償的話所影響後，那種心情已離我而去：

每種過度都會導致挫敗；每種挫敗同樣也會導致過度。每種甜都帶著酸，每種罪惡都帶著美好。每種接收愉悅的身體機能在濫用時都會受到同等的處罰，這是為了讓生活有所節度。每一分智慧都帶著一分愚蠢。你錯過的每樣東西都會讓你得到別的，你得到的每樣東西都會使你失去什麼。假如財富增加了，它是增加來讓人使用的。假如聚財的人聚得太多，老天就會拿走送給這個人的錢財；資產膨脹了，物主的命也沒了。老天討厭壟斷和例外。海浪從最高點落回到海面並不會比各種狀況自行回復平衡來得快。總會有某種夷平態勢會抑制專橫、強勢、富有、幸運，讓他們可以跟其他人站在同樣的基礎上。

仔細驗證過愛默生觀點的人發現，那些是植基在永恆的真理上。其他沒有實際驗證過的人可能會認為這些是很抽象的教條，或是會指出各種根本就不算是例外的「例外」，因為時間是補償律的必要元素，而沒有人說得準時間的巨輪會帶來什麼。

最後，我們跟著這個偉大的內心一起來思考「思考」這件事。

當偉大的上蒼把思想家放行到這個星球上時，那就要當心了。此時所有事物都會岌岌可危，就好比是大城市突然發生大火，沒有人知道什麼才安全，或者什麼時候會熄滅。沒有什麼學問可以保證不會在明天就被駁倒；沒有任何的文壇聲譽、沒有所謂的不朽盛名不會遭到修正與責難。人的那份希望、內心的想法、國家的信念、人類的風俗與道德，全都被新的推論牽著鼻子走。

內心力量改變世界的能力亦復如此。**你不見得會改變世界，但你的內心力量已經準備好了，願意並「有能力」為「你的」世界帶來你需要和想要的改變，無論可能有多驚天動地。**對思想「移山」的力量大加讚揚的不單是愛默生。我不知道其他偉大的思想家之中有哪位沒有展現出這種天生的理解力：我們是思考的動物，會依照自己的思想來行動；所以思想總是先於行動，思想總是比雙手更早開始進行建造，思想強大到無法衡量。所以當思想無拘無束並且無所畏懼時，所支撐的成就也會很強大。

當個務實的哲人

我們習慣把哲人想成是活在象牙塔裡的人，要學富五車才看得懂他們的著作。這種印象頗為真實。從古希臘人率先開始思索宇宙人生以來，哲學便開始蓬勃發展。到了近代，哲學似乎都是講給哲學家聽，我們這些凡人則被晾在一旁。

但仔細想想，哲學的基本目的是在探尋事物「**為什麼**」會這樣。這就是為什麼「個人成功學」是哲學，而不是「方法學」或「理論」。我之前的著作就如同這本書一樣，是在為下列問題找出最根本的答案：

「**為什麼**」有些人在人生中會成功，有些人會失敗？

「**為什麼**」有些人或夫妻生活在和諧之中，有些則是活在不斷發生的衝突中？

「**為什麼**」有些團體能以互助的精神跟其他團體和睦相處，有些則會互相打壓排擠？

用來賺錢、為人處事、討太太歡心或維持勞資和諧的**方法**固然重要，而我也跟各位建議過一些關鍵的方法，但更重要的還是**這些事情背後的哲理**。當內心堅信關於財富、內心平靜與成功人生的基本觀念時，你就是在堅固的基礎上構築一切。當你想光靠所謂的有效方法來運作一切時，可能會發現，自己無異在沙堆上蓋城堡。

因此，以絕對務實的方式做個哲人是值得的。在面對問題，渴望能改善某種局面，或說服別人認同互惠原則時，先暫停一下，要記得自己是個務實的哲人。如此一來，你才會把內心聚焦在一向行得通且永遠收效的根本理由上，並能立刻得到好的指引。

行動派哲人

哲人是否會遇到某些災禍或發生不幸？他會尋找原因，會學到教訓，會為了防止事情萬一再度發生而先把自己武裝好。

同樣地，他會留意別人犯下的錯誤。明白人都是半斤八兩，會提防自己也犯下同樣的錯誤，所以幾乎可以肯定自己不會步上他人的後塵。

在預知未來的能力上，哲人並不比別人強。但他知道，歷史有不斷重複的特性；他會檢討過去，且多半能對未來產生非常明確的想法。

哲人會牢牢記住，幫助別人的辦法就是幫助他們找到最好的自己。他不會想成為社會改革者，讓自己陷入無止盡的瞎忙而沒有什麼建樹。

身為哲人，深刻明白時間很善於讓事情平衡過來。他很有耐心，把歲月當成是自己的盟友，而非敵人。

了解平靜的內心才是有效率的內心，哲人不容許那種會困擾心情並讓他無法好好構思的情緒來搗亂。

知道內心的力量無窮無盡，哲人不會用狹隘卑劣的思考來限縮自己的實力，而會從那些大格局又慷慨到足以建立成就的角度來思考。

哲人型的生意人不會為眼前的獲利而葬送終生的內心平靜與成功人生。因此，他做生意一定童叟無欺，因為他了解「所有行為都會回報給自己」。

哲人知道，思想是實物；他發送出去的各種思想不論好壞，到了一定的時間就會根據它的本質回過頭來加倍詛咒或庇佑他。

哲人絕不會拖著過往的腳鏈，邊往回看邊發出淒厲的唧噹聲。他知道成功是在前頭，人生是在前頭，並且只會從過往記取可作為寶貴教訓的事情。

真正的哲人絕不詆毀別人，而且當他覺得必須服膺義憤時，也不會表現得宛如這就是自己的生活哲學。(雖然以哲人來說，那有可能會是。)他表達憤慨的方式如同將它寫在水邊的沙子上，希望在漲潮前都沒有人會路過那裡。

分享是哲學真理的一環，所以哲人會豪氣地分享，知道自己在分享福氣時，就是在為接受新的福氣預做準備。他知道分享會種下那種將來理當獲得也受之無愧的自利機會，而且這就是他想要廣納的那種好處。

以哲人的身分來檢視本書

對，針對人性和人類行為背後的真理，我們到此頁為止已用探尋者的角色檢視了本書諸多內容。身為哲人，各位則要謹記檢視的妙用，**因為人的內心是靠重複和增強來學習，直到真理最後成為常規為止**。Philosopher（哲人）這個字是由意指 love（愛）和 truth（真理）這兩個希臘文所組成。哲人就是愛真理的人。

我要以一則我爺爺的趣事來總結本章。他跟我一樣，相信人從經驗當中來學習最好。這則趣事裡埋了個陷阱，但我相信這有助於傳授一點哲理給某位「城市來的老油條」。

我提到的這個老兄站在鄉間的路旁。我和爺爺當時則是在從維吉尼亞州的鮑威爾河 (Powell's River) 返家的路上，用馬車載著乾草行經此處。當時的我非常年幼；年幼到會對這個陌生人講究的穿著和高傲的態度很傻眼。

他沒有請求我們讓他搭便車，就逕自跳上緩緩前進的馬車說道：「搭個便車吧，鄉巴佬。」爺爺沒有回話。馬兒慢慢往前晃，我們走過了好幾英里布滿泥巴的路。

等我們到了爺爺家要轉往穀倉時，那個陌生人從馬車上溜下來說：「嘿，從這裡到大石峽 (Big Stone Gap) 有多遠？」

爺爺思索著說：「這個嘛，假如你沿著我們來的方向開始往回走，差不多是二十英里。假如你繼續照我們所走的方向前進，那我會說差不多是兩萬五千英里。」

至高祕訣再次觸及了你的內心，或許會就此停駐，或許會稍後返還並長駐下來。

11 致富心法總結

補償律

愛默生談補償的文章一直是史上最重要的文章之一。對於想要了解自己和所處的世界，並為自己的一生找到內心平靜的人來說，它是必讀首選。我曾經陷入嚴重的困境，但還是為朋友付出自己的時間與心力。這麼做所得到的補償歷經多年不墜，而且還在持續回收。看不見的力量一直在左右著我們，而本書就是在教各位，要怎麼選擇友善而非敵對的力量。

所有的行為都會回報給它自己

補償律就可見的層面來說，例如在做了某個舉動後之後產生機會時，看起來可能只不過是某種因果關係。但就像愛默生所說，我們所有的買賣都有個沉默的第三方，而這就是最後結算帳簿的無形力量。人或許覺得自己可能會受騙，但我們是萬萬不可能只受他人所騙而不自欺，報償雖然可能看似遙遙無期，但我們最終還是會得到冥冥中的複利回報。

逆境的威力

愛默生說，自然的定律就是成長。他表示，這種成長經常伴隨許多種逆境，但深深的治癒力量會發揮作用，把艱辛與悲痛化為後半輩子的明燈，而且這些不幸多半是用來終結某一段正等著被結束的人生時期。還有，逆境能打破慣常的生活方式，並幫助我們形成對成長必要的新模式。受過艱辛磨練的人會蛻變成更強韌的人，並能為自己和別人貢獻更多。

內心力量可以改變你的世界

不單是愛默生對內心的力量大加讚揚，並點出偉大的心靈會為世界帶來改變。你的心靈就能改變「你的」世界。把自己變成哲人，並找出成功與幸福的基本理由；在探討謀生的方法前，先回到這些理由上獲得引導，你就是在堅實的基礎上構築一切。把自己當作哲人，就能檢視本書到本章為止的內容，以應用所學到的各種基本原則，並記得每項原則要如何實際運用。

12

你非常重要，但轉眼即過

你的成功屬於你，且成敗完全操之在你，但你再成功也絕對無法超越身為人類的極限。任憑財富堆得像天那麼高，到頭來仍是過眼雲煙。成功的人生會留下自己的紀念碑。在人生叢林裡，我們獨自行走在危險環伺的路途上，但在我們內心裡自有一套辦法來打敗內心的敵人，並為真正的財富與長遠的幸福培養能力。我們是獨自行走，但有跡可循的是，我們察覺不到的世界也在注視著我們。連這個神祕的世界都很關注著並指引我們通往當下的財富及內心平靜。

一個還不到三十歲的年輕人，他跟我說，他靠短期出租汽車和貨車「海撈了一票」。他讓我知道了，他是多麼聰明地把長期出租的生意留給別人做；他是多麼聰明地提供大量的免費里程來招徠客人，然後再用別的方式把表面上的好康給賺回來；他是多麼聰明地讓人自己可以選擇保險方案，反正客戶一定會選擇保障最大相對也最貴的保險，但又不必寫明在付租車日租金時得多付這些錢；他是多麼聰明地在對的時機把獲利投入股市……總之就是，「他」是多麼地聰明。

我差點就要脫口而出，把所有匯集來助他一臂之力的天時地利人和給點出來。比方說，當時購買汽車及保養所費不貲，所以按日租用有誘因；公路的建設開發，甚至信用卡系統的發展對他的生意也大有幫助。但他並沒有以哲學的觀點來看待任何事。假如他去投資的時間點，股市也剛好走高，他很可能也會覺得是自己厲害。

我只是回想起了我所認識的成功人士，他們所從事的賺錢生意遍及了一切產業，從製造煤油燈到開設電腦程式設計班。其中有些人看出了自己在時代的趨勢演變中適合的走向，他們比其他只看出自己有能力站上及時浪頭的人更令我佩服。**對人生自有一套看法的人往往也是擁有內心平靜的人。**其中有一些是非常不得了的人，但他們都知道，是時勢造英雄，周遭的世界比自己重要得多。

安德魯．卡內基深知這點。他有一度認為，我因為跟他沾上了邊而開始表現出優越感。他要我寫出以下的座右銘：

「不要把自己看得太見鬼的了不起，除非你希望被別人咒罵。」

這句座右銘當時對我產生了某種助益，後來便漸漸消退埋藏到我的潛意識裡。在我沒有兩輛勞斯萊斯就完全開心不起來時，或許就是這樣的時候吧。

現在我知道，錯的根本不是勞斯萊斯，就這點來說也不是我在卡茲奇山的山莊；錯的是我的態度。我把自己看得太「見鬼的」了不起。我在世上所激起的水花比我對世界的崇敬還要緊，而我得到的機會卻是拜它所賜。

回顧那段時日和類似的時期，我發現自己會感到特別內疚，然而我並沒有犯罪。不過在那些日子裡，假如我瞄到勞斯萊斯後照鏡裡出現了警察從後面接近的話，就會立刻緊張起來，即使我開的時速比速限慢了好幾英里。至於警察上門……假如真的發生的話，我就會雙腳打顫。

恐懼是從何而來？肯定是來自我自找的緊張。現在這些緊張都消失了，因為我知道我在世上的位置，而且我的內心很平靜。現在當看到交通警察從後面接近時，我會很高興看到他，因為我知道他的出現會讓人小心駕駛，並使路上危險變少。

而就在不久之前，有個身穿制服的警察終於來按了我的門鈴。等他離開後，我才察覺到，我原本可能會感覺到有點擔憂，但我並沒有。我只是很想知道，他為什麼會來到我的門前。他客氣地問了我，某個人是不是住在我家。我跟他說不是，那個人以前是住這間房子，可是等我買下這個地方後，他就搬走了。他向我道了謝之後，事情就結束了。

到頭來，一切都無足輕重

一己之事固然重要，但並非無比重要。為了以最好的方法來解釋這種精神，我思索了一段時間。有了這種精神，人既能找到大成功與大財富，又能對一己與一己之事保有恰當的視野。而就內心的平靜來說，這種視野十分必要。

本書所談過的內容有很多都跟這件非常重要的事有關。因此，當人不斷為同胞「付出」時，他既表現出也會覺得自己的人格並非純粹建立在財物上。我知道我為世界付出的比我取之於它的要多，這就是我獲得滿足的一大來源。同樣地，完全依照自己對於娛樂消遣的想法，每天花幾個小時消遣、玩樂、生活，這種能力也會帶來視野。我希望各位現在為自己體認到了這點。

但在一些試驗後，我決定強調這句話：**到頭來，一切都無足輕重**。當你拚命汲汲營營，當世界似乎只存在於你自己的活動範圍裡，當你建立或買來的東西開始讓你看不見陽光時，記住，到頭來，一切都無足輕重。把它唸出聲來：「到頭來，一切都無足輕重！」

像是負面的告誡？絕對不是。**到頭來，一切都無足輕重**。每樣東西在一時一地都很舉足輕重，且對別的事有所幫助。但要把意識的一個小角落保留給身為人的終局，以保持客觀的視野，認清時代也看清當下。它會使你更平靜，對自己更有把握，而且也會使你更堅強。

我是怎麼體認到的

在人藉由五官的協助所不能看穿的那道布幕背後，我有一些偶爾會跟我溝通的朋友。

在第一次世界大戰的某一天晚上，就在我正要就寢時，我感覺到一股強烈的衝動要用打字機來寫下些什麼。當時我擔任威爾遜總統的機要顧問，滿腦子都是迫切的內政與國際要事。可是當我把一張紙塞進打字機裡，並把手指放在鍵盤上時，我的意識裡只浮現出一句話。它十分鮮明地被一股看不見的力量推入我的腦海，我的手指則用大寫的英文字母把它打了出來：

到頭來，一切都無足輕重。(ULTIMATELY, NOTHING MATTERS.)

我不曉得要怎麼解釋後來的事，所以我也不打算解釋。或許是巧合，或許不是。不管怎樣，在不久之後，我就用同樣那台打字機把我協助威爾遜總統所寫的一段話給打了下來。那段話要是當時公諸於世的話，一次世界大戰的整個戰局就會改觀。這段話看起來當然是「**舉足輕重**」。

在停戰協議簽署的三天後，我看到水溝裡丟了一份報紙。它的頭版如實登出了那段話。它還舉足輕重嗎？才過了幾天，它就變得毫無價值。在這個震撼的體認下，我的腦海裡滿是這個念頭：到頭來，一切都無足輕重。

一段時間過後，威爾遜總統成了偉大新國聯背後的主導人物。他相信，人類文明的未來端賴美國參議院的批准。然而參議院並沒有批准，威爾遜先生臥病在床，不管醫生公布的病情說法為何，我們這些在他身邊的人都知道，他是因為心碎與絕望而病垮了。

我來到了他的床邊。他絕望地看著我，喃喃地說道：「國會山莊的那些人把我害死了。」

我和他當時都說不出口的是，全世界還沒準備好接受國聯的計畫。但有個什麼驅使我說出了可能會被認為不得體的話，結果卻是我所能說出最棒的話。

我說：「總統先生，到頭來，一切都無足輕重。」

他帶著漸漸理解的奇怪表情看著我，最後說：「當然！」

或許是我幫助他比較平靜地走入了死亡。我知道這句話自此便緊跟著我，而且我覺得它並不是我自己的發明。比我更睿智的無形力量把它放進了我的內心裡，希望我在人生中的那一刻能擁有它。

一切到頭來都無足輕重，為什麼要讓人生充滿恐懼？

我經常注意到，許多人終其一生都在怕這怕那，彷彿是與某種會使恐懼成為絕對美德的宇宙波長相通。

然而他們並沒有真的和什麼相通，反而因為瑣事把自己的內心擴大到填滿了自身的宇宙，對任何在此之外的影響力則無動於衷。然而恐懼是那麼「微不足道」的東西！

當然，我們終其一生都要如獨立宣言所說，「適度尊重同胞的意見」，有時則要聽從別人，並把他們的福祉擺在自己的福祉前面。這叫做合作，而不是恐懼。這叫做文明，而不是無政府狀態。但放眼望去就會看到，有多少人把社會良知曲解為充滿恐懼、沮喪和自甘挫敗的良知。為什麼？殊不知到頭來，一切都無足輕重？他們以為，假如人生過得畏首畏尾而不是昂首闊步，就能把死後的人生變得比較舉足輕重嗎？如果要讓自己為人所懷念，帶著自信與勇氣邁開人生才是容易得多的方法；雖不是萬無一失，但會容易許多。同樣地，假如他們在乎的不是墓碑的大小，不是墳上所擺的鮮花，也不是紀念他們的禱告，那這更是要活得無懼的理由。

我有一次看到一本叫做《愛寫就寫》(*I Write As I Please*) 的書。可惜我從來沒能拜讀這本書，但我希望它令人激賞的書名可以名副其實。任何人若能愛寫就寫，他在尋找內心平靜和牢牢掌握它上便跨出了一大步。

這也是我靠嘗試錯誤所學來的。有一段時間，我所寫的每一句話都要由一群權威的書評人看過才能付印。後來我開始發現自己被迫要討好審稿人，並迎合他們既有的偏見和信念。如此一來，我還能寫出什麼好東西？

現在我則是愛寫就寫，而不管會有什麼後果。各位或許注意到這點了。

隨心所欲創作的阿爾伯特・哈伯德

有時候偉人來這個世上走一遭，他真正的偉大之處卻未能受到世人賞識。阿爾伯特・哈伯德（Elbert Hubbard）[1]就是這樣的人。生長在紐約州的小鎮上，恣意地愛寫就寫，他所產生的漣漪擴散到了世界各地。他最偉大的短篇作品之一是《送信給加西亞》（*A Message to Garcia*）。他另一本著作《哈伯德的人生剪貼簿》（*Elbert Hubbard's Scrapbook*）常會出現在許多人的客廳裡，也有不少親友會力勸你去二手書店找一本來讀讀。

此人不但學會了要如何活出自己的人生，始終保有自己的想法，不管別人會怎麼看待他。他告訴我，比起為了討好他人來創作，以及隨之而來的一切榮耀，這樣恣意想寫就寫的自由帶給他更大的滿足。

在他早年的時候，出版商看了他的作品便覺得寫作內容超前時代太多。在作品遭到出版社拒絕之後，他決定自任出版商。他後來在出版業表現十分出色，而且有一段時間還雇用了八百人。

哈伯德的成就遠不止是個成功作家與出版商而已。他也是少數幾位能讓人生依照自己想要的方式獲取回報的人，在自己要走的路上獲得財富，而他一路上獲得的回報從不局限於金錢，他從人生的一切機緣收取股息，並從各種經驗當中獲益。

他變得非常富有，所擁有的金錢遠超出自身所需。但不同於其他有錢人的是，每一天，他都會在人生的路上駐足欣賞。假如所有人都讓自己像阿爾伯特·哈伯德那麼自由、有用、快樂與平靜，世界將會何等美好。

哈伯德或愛默生都不需要別人來提醒：到頭來，一切都無足輕重。但比起那些相信自己所做的一切才是世界上最重要的事的人，像哈伯德這樣的人在身後所留下的遺澤卻多得多。

---

1 美國哲學家、教育家暨管理學作家的先驅，於上世紀初所寫的名著《送信給加西亞》至今仍高踞暢銷書之列。

師法大自然

整個宇宙唯一的永恆狀態是什麼？是變，永無止境的變。大自然永遠在建構、演化、解構、重建，以不斷往前邁向某個不為人知的命運。

人類的奇想對大自然毫無意義。時間對大自然毫無意義。它有數不清的空間和物質，而且對大自然來說，人偶爾發現了幾個祕密肯定是無足輕重；它還多得是！

大自然會平衡人的生死，所以我們才得以不朽，種族才能生生不息。永遠？那不是大自然在意的事。假如它訂下的法則是終究要消滅人、人賴以生存的地球，或許還有月球，或許還包括整個太陽系，那這就是大自然的法則，勢不可擋。萬一人是自己把星球給摧毀，大自然也會讓動植物與人類遍布時的那種引力來回應槁木死灰的地球。

到頭來，大自然中的一切都無足輕重。

想通了這點，你就會開始以該有的感覺來感覺宇宙：既不帶威脅，也沒有應許。我再說一次，遠處的某個地方是否有天堂，你無法證實或反駁；現存最睿智的人無法證實或反駁；歷來存在過最睿智的人也無法證實或反駁。假如你跟愛默生一樣，**相信補償、報應、懲罰、回報、算帳與還債會自己降臨到這個世界，那你就會好過得**

多，你的同胞也是。

哈伯德和洛克斐勒

我一想到阿爾伯特・哈伯德，常常就會想到約翰・洛克斐勒爵士[2]。他們真是截然不同！

有一次洛克斐勒問我願不願意跟他易地而處。我禮貌性地拒絕了；我很重視自己的健康與自由，而兩者都是他無福消受的。我懷疑我的話跟他在死前多年出現的明顯轉變是否有關係。但那些改變的存在千真萬確，我是把那視為他人生的全新開始。對，這個擁有億萬家財的人發現了某種缺憾，而企圖在人生中創造新生。

他想要的到底是什麼？在向認識他的人查證後，我堅信他想要的只不過就是他

2 十九世紀美國實業家、慈善家、世界石油大王，於一八七〇年創立標準石油，全盛時期壟斷了美國九成的石油市場。

在了不起的致富生涯中所錯失的東西：內心的平靜。我猜想他是有一天看著自己的財富突然想到：**到頭來，一切都無足輕重**。在把洛克斐勒爵士另一面的本性呈現在世人的面前上，艾維·李和洛克斐勒財團的關係有部分的功勞。當洛克斐勒的錢開始流入科學、健康和文化活動時，便象徵了一種重生。

阿爾伯特·哈伯德從來不需要改變他呈現在世人與自己面前的形象。但洛克斐勒爵士需要，亨利·福特需要，其他很多看似百分之百成功的人也需要，只不過是要等到發現了某種明確的缺憾時才知道。

有趣的是，看到洛克斐勒的後代似乎發展出了許多有價值的社會特性；但這些在洛克斐勒的年代，有錢人還不熱衷此道。現在我知道他有個曾孫在從事社會工作，而且不光是拿錢出來，還實地前往窮人生活的匱乏之地。「洛克斐勒先生」真的變了，我認為他不會死不瞑目了。

和看不見的守護者一同走過人生叢林

各位知道，這本書經歷了將近七十年的醞釀才成形。我也提過，在這幾十年當中，我並不曉得自己會寫下一本書，把財富與內心的平靜相提並論，但隱隱然就是覺得我會這麼做。在我還是個年輕人或甚至到了五十歲時，我仍然寫不出來，因為還沒有累積到足夠必要的歷練。在我善加學習並徹底試驗過我所提出的每一句忠告之前，顯然也寫不出來。那些忠告經過許多人生的考驗，包含我自己的在內，我所說的故事則充滿了各位會自己學習到的人生教訓，而這也是最好的學習方式。

我有時會察覺到，有看不見的朋友圍繞在我身旁，這些是一般感官無從得知的。在我的書房裡，我發現有一群陌生人擁有著一派應該有上萬年之久的智慧，但我並沒有尋求去跟他們溝通。現在我發現，我和他們之間是有連繫的。我並不是他們的一份子！但我受到他們的守護。我體認到這點的經過如下。

完成本書接著發生的故事

有一天，我知道動手寫這本書的時候到了。當時我生了一場病，並在病中擬好了書的大綱，這或許就是由那些人所規劃，以便把我的心思從日常事務中抽離。我完成了書並樂在其中，一如人總是會樂在他喜愛的勞動中。寫作歷經了幾個月，我覺得十分振奮又開心。

我寫完了最後一章，依然坐在打字機前靜靜地思考我所寫的東西。我心想，到頭來，一切都無足輕重，但達成了內心構思這麼久的事還是不錯。我獨自在自己的書房裡，四周一片寂靜。

有個聲音說話了。我一個人都沒看到。我無法各訴各位，聲音是從何而來。它先是說出了沒幾個人會知道的暗語，那引起了我的注意。

那個聲音說：「我來是為了讓你多寫一節到你的書裡。寫了這部分可能會使某些讀者不相信你，但你要誠實寫下來，有很多人會相信並因此受益。世上已有許多主張人活著是為了準備面對死後的一切，但你是被選來傳遞另一種哲學：**人生在世是為了活得快樂**。

我低聲地說：「你是誰？」

看不見的說話者以聽起來像是陣陣美妙音樂的輕柔聲音回答說：「我來自宗師大學院 (Great School of the Masters)，我是三三議會 (Council of Thirty-Three) 的其中一員，服務大學院和在物質界新加入大學院的人。」

宗師大學院！

這所智慧學院在喜馬拉雅山祕密傳承了上萬年。有時候被稱為古印度莊嚴兄弟會 (Venerable Brotherhood of Ancient India)[3]，它是宗教、哲學、道德、物質、精神和靈魂知識的大型中央水庫。

這所學院耐心致力於把人類從精神的襁褓期與黑暗中提升到靈魂的成熟期與終極啟發。

從最遙遠的古老年代，大學院的宗師就是靠心靈感應來互相溝通。到最後他們見了面，並組成世界上最悠久的聯盟。

李察森（J. E. Richardson）[4]在《大箴言》（*The Great Message*）[5]中說：「這些宗師是大導師。在人類的整個歷史中，他們不僅揭示了自身對來生的所知，還能把自己的知識清楚地在自身展現出來，讓弟子或學生內心對他們傳授的真實性無所懷疑。」

宗師大學院始終在發揮它的力量，積極協助提升每個人的智慧，與人無疑地掌控個人的思想力量若合符節。宗師相信，這個唯有人所獨有的偉大特權為人提供了可大幅掌控本身世俗命運的手段。

學院裡的宗師能脫離肉身，瞬間前往他們所選擇的任何地方，以藉此獲取必要

3 傳說中以精神力量來增進人類修為的神祕古印度組織。
4 靈修學派作家，主張共濟會、苦修派、原始基督教皆是源自印度的「母學院」。
5 李察森的著作，旨在介紹宗教和哲學界過去種種的運動與宗師大學院之間的關係。

的知識，或是直接以聲音把知識傳授給任何人。此時我知道，其中一位宗師已跨越數千哩、穿過黑夜，進入了我的書房。

宗師繼續說話

在暫停下來，好讓我有時間整理思緒後，宗師以同樣美妙的悅耳聲音繼續說話。要不是只有我的耳朵聽得到的話，它肯定會迴盪在整個屋裡。

我不把他所說的話逐字抄錄下來，而是從他的話中摘錄重點。他所說的話有很多已在本書的各章裡呈現給各位，或是後續還會出現在其他各章裡。

「你獲得了把至高祕訣透露給別人的權利。」宏亮的聲音說道，「在人生的旅程中有座人生的叢林，是人人都必須獨自穿越的黑森林。在黑森林裡，要克制敵人和自己內在的對立與混亂。黑森林有助於人的靈魂透過奮鬥和反抗更上一層樓，使它有機會回到造就它的永恆大寶庫，在那成為無窮智慧的一部分。你受到了大學院指引，但你也是自己的主宰。你安全穿越了人生的叢林，現在你必須給世界一份藍圖，讓別人可以靠它來通過同樣一座黑森林。」

「現在我就來說明在旅程中一定會碰到而且要打敗的敵人。」

「首先是**恐懼**。表現出恐懼會使人無從發揮出真正的思想力量。然而思想力量可以讓每個人獲得一切的物質需求，並掌控自己的俗世命運。」

宗師說：「下一個大敵是**貪婪**，包括擁有物質的東西，以及為私慾去掌控他人的力量。滿懷貪婪與私慾的人沒有一個能穿越人生的叢林，並成功獲得與運用至高祕訣，因為當他侵犯到別人的權利時，他也冒犯了造物主。」

「**偏狹**是敵人榜上的第三名。偏狹是自私與無知的邪惡拍檔。它會蒙蔽內心並掩蓋事實。會使人在人生旅程中失去所需要的珍貴友誼，並排斥與他人合作。」

「**自大**是人的第四大敵。自重是最可取的特質，但自負則是自欺，會使人喪失對他人的尊重。」

「**色慾**是第五個敵人。它會使性慾無法得以適當轉化與適當引導。會導致性行為過度，並把身心的重要創造力揮霍殆盡。」

「**憤怒**是第六個敵人，它是一種暫時的精神錯亂。受到控制並為了導正而起的義憤偶爾有它的必要，但帶著盛怒度日的人無法真正認識至高祕訣。」

「**憎恨**是第七個敵人，是容許停駐在內心裡的憤怒，直到硬得跟水泥一樣為止。它是內心的毒藥，會錯誤扭曲個人的思考。心懷憎恨的人無法控制把自己的思想力量導向建設性的目的，所以得不到這個由造物主賜給人唯一絕對的特權。」

宗師一邊往下說，我一邊全神貫注地聽著。他談到嫉妒這個敵人融合了垂涎與恐懼，急躁則使因結不出實際的果。他舉出，欺騙最終會騙到欺騙人的人；虛假會編出絞索來讓說謊的人在精神上絞死自己；類似的敵人還有偽善；以及虛榮，那會使人變得俗不可耐，令他人敬而遠之。

在一片的寂靜中，大學院的來人告訴我，我被選來向別人說明所有的敵人為何，涵蓋的敵人也包括殘忍，它會像吸引狼群般引來其他所有敵人；以及冷酷，它會對患難的人置之不理，靈魂因而枯萎。他談到了不公、詆毀和流言，他指出，人或許知道至高祕訣的內容，但假如他真的企圖摧毀別人，就無法活用這些至高祕訣。他對我描述了，黑森林會如何一輩子困住沒有把不可靠、不誠實、不忠和報復等敵人趕走的人。

末了總結時宗師談到另外四個敵人的名字，好讓我能警告世人，那些的威脅性就跟其他任何一個敵人一樣大。分別是：憂慮，它顯露出人比自己放任自己憂慮的事來得渺小；羨慕，一種最會摧毀進取與自律的嫉妒心；疑心，它會阻止內心為身體的殿堂形塑持續的健康，進而為不健康提供內心的生根點；還有優柔寡斷，愈放縱，它就會變得愈強，直到爬到人的背上為止，人則會因此跌跤並倒臥在黑森林裡。

宗師說：「人還有別的敵人。但能打敗這二十六個，別的敵人自然不是對手。

要知道，當人全力設法把這二十六個潛伏的敵人打敗時，他就會成為大學院的新生。我們會認識他，他也得以一窺宗師的內心。溝通的方式是心靈感應。新生有時可以透過一般所謂的禱告來尋求開示。」

禱告的原則

接著宗師把禱告背後的原則告訴了我，它可以帶來真正的幫助與引導。光看文字的人應該要把這節多看幾次，直到參透它的微言大義為止。

宗師說：「禱告要奠基在實際需求的請求上，以完成具有建設性的事。」

「在真正的禱告中，人只有在努力過後，證明了自己的力量不足以使自己完成目的，才能請求協助。」

「祈求協助的人不應該以為要棄守自己的個人行動自由，而應該要知道，自己是要跟看不見的輔佐人合作。」

「他必須帶著信心而自重，知道自己的第一項職責是改善自己和自己的環境；等這點做好後，它就會衍生出第二項職責，那就是幫助人類全體。」

「這就是我們在任何禱告中想看見的原則。無論禱告是怎麼說或想，是在什麼樣的情況下，只要這些原則確實存在並顯示出懇求者的誠心時，它就會傳遞出去。」

此時宗師對正在穿越叢林的新人發出了警語。他告訴我，一如現在我告訴各位，那座黑森林裡有時會出現空地，而且當人走在沒有樹叢糾結的地方時，他可能會以為自己把二十六個敵人全打敗了。這可能是種欺敵的把戲。如果要掌握到自己所趕走的敵人有多少，有個可靠的方法就是列出清單，如下所示：

恐懼　殘忍
貪婪　冷酷
偏狹　不公
自大　詆毀
色慾　流言
憤怒　不可靠
憎恨　不誠實
嫉妒　不忠
急躁　報復
欺騙　憂慮

虛假　羨慕
偽善　疑心
虛榮　優柔寡斷

這份清單應該至少每年要核對一次。以自己的見識與自知之明誠實執行後，這樣的核對就能讓人回顧自身的歷程，並了解自己打敗了哪些敵人，從名單上劃掉。只要有一個敵人留下，你就還是徘徊在人生的叢林中。等每個敵人都遭到殲滅，就能穿越了叢林。

偉大旅程的結局

宗師解釋說：「當新人真的把阻礙成功、平靜與和諧的二十六個敵人全部打敗時，大學院的宗師就會跟他聯繫。他將因而得到成功穿越叢林的確認，並在未來的行為上受到明確的開示。」

「第一，他會獲得告知，要把合理的部分時間用來指引其他正在叢林中掙扎的人，並以其他各種可能的方式來幫助同胞。他原已知道造福別人就是造福自己，但此時他將徹徹底底體認到這些福氣。」

「第二，他會得到力量來化解所有的逆境，使那些最終都能變成在他的福氣，他也會意識到自己化逆境為祝福的力量。」

「第三，把人的二十六個敵人都擺平的新人，面對將來可能獲派的任何特殊使命，很快就會體認到任務的本質與目的，而且總會有勇氣去實踐這個使命。」

宗師緊接著說道：「新生可以有權忽略或抗拒其中任何一項要求，但萬一他這麼做，他付出多年努力所得到的力量就會被完全撤銷。這些力量包括很大的福份：

「有希望、信念和勇氣來實踐任何渴望的目標。」

「善待同胞，並對困擾他們的問題感同身受。」

「從自我了解中看出自身強大力量的本質。」

「耐力與毅力足以使他克服沿途所有的障礙。」

「身心都有良好的健康。」

「有智慧來評估任何事，自律則使他能完全掌握自己。」

「有耐心來因應逆境。」

「能容忍一切，並有真正的友愛精神。」

「免於憂慮。」
「物質富足，能滿足本身一切的需求和慾望。」
「對時間評估精準。」
「免於一切的惡習。」
「個性有魅力且有寬大的胸懷，能吸引到友善的合作。」
「能從過去的錯誤中受益。」
「有傾聽之耳、沉默之舌、信實之心、堅定的忠誠。」
「深愛真理。」
「有能力靠心靈感應來溝通，包括與無窮智慧的溝通。」
「真正了解科學化的禱告，同時有辦法在可能需要時得到宗師的助力。」
「對所有惡人的作為免疫。」
「能擺脫一切人類天生的負面特性。」
「完全掌控每一種恐懼，包括對死亡的恐懼。」
「了解人生的終極目的，同時有充分的能力依照這個目的來生活。」
在無邊的寂靜中又停頓了一下，然後宗師說：「他不但會了解到人生的真正目的，還會擁有隨意支配的力量來實現那個目的，而不必在這個俗世歷經另一次的化身為人。」

「在世俗界和其他各界的大學院宗師將以他的勝利為榮，並祝福他能一路順利當上宗師。他成為宗師的整個過程還沒結束，但成功航行的航海圖已攤開在他面前。」

聲音停止了。我開始聽到周遭世界的細微聲響，我知道宗師回到大學院去了。

人生要用心冒險，才能認識、贏得並享受美好

到頭來，一切都無足輕重。再讀一次，看看宗師的話有多少是跟此時此地有關，也就是我們自己所能擁有的時間，不管人生會獎賞還是懲罰我們，也不管我們會完成夢想還是壯志未酬。注意我們在好幾個方面所得到的囑咐是，不要變得斤斤計較自己的了不起……斤斤計較地看重財產或權力的爭奪。那些放大格局來看根本算不了什麼，並且會摧毀我們的健康與幸福。

至於世俗終點以外的終局，我們所看到的景象是個大型的性靈水庫，但我們並沒有受到囑咐說要帶著敬畏之心走向那裡，還是以某種自以為是聖徒之姿脫離人生的軌道前往。人生的美好自會落在真正去活上頭；**人生並不是被規劃成一帆風順，而**

是要用心冒險，以訓練自己認識、贏得並享受美好。

各位已經有資格把至高祕訣運用在許多方面了。各位想必已經了解了，一旦了解就會明白為什麼一切會是如此。

12 致富心法總結

你非常重要，但轉眼即過

當你把自己的事看得太了不起時，內心的平靜就會打折扣。真正的大人物知道，周遭的世界遠大過自己。試圖「託大」卻不符合自己的本性時，所造成的壓力可能會使你陷入內疚與其他麻煩。有很多真正的大人物都會在人生路上駐足欣賞並樂在其中，但小人物卻畏於這麼做。安德魯．卡內基有一句令人難忘的座右銘，它教我們不要欣羨別人的排場而企圖有樣學樣。

到頭來，一切都無足輕重

當你拚命汲汲營營，此時就該提醒自己，到頭來，一切都無足輕重。每樣東西在一時一地都是舉足輕重，但若能保持客觀的視野會使你認清時代與當下。在打字機前「自動寫出東西」的經驗，似乎是從五官以外的世界傳來的訊息，它告訴我，到頭來一切都無足輕重，並要我能把這番話流傳下去。

為什麼要對任何事恐懼？

有太多人把社會良知曲解為應該充滿恐懼、沮喪和自甘挫敗的良知。帶著自信與勇氣邁開人生就能擺脫恐懼，人生毋須在乎墓碑的大小。有個內心無懼又平靜的人叫做阿爾伯特．哈伯德，他隨心所欲地創作，愛寫就寫，出版自己的作品並因而致富。哈伯德或愛默生都無須別人提醒：到頭來，一切都無足輕重。

人生叢林裡有看不見的指引

本書有許多內容是作者根據宗師大學院的揭示所寫成。人生叢林裡有二十六個敵人在埋伏其中伺機而動。打敗他們，你就會得到新的能力來活出平靜、富足、成功與喜樂的人生。

13

不要攫取太多，也不要甘於太少

當你的內心真正察覺到財富的潛力時，周遭累積財富的機會就會為你所用。內心平靜是財富的基本要素。以黃金律的精神來付出，這和享受財富與人生其他一切美好有密不可分的關係。當你像上班那樣付出了勞務，到最後你將會依照你的價值獲得報酬，因為你騙不了黃金律。它永垂不朽、亙古不變，與萬世不墜的補償律並轡而行。

富足的大地等著你去採收。每個世紀、每個派別的宗師都跟我們這麼說，我們也由生命本身學習到這點。

富足是由什麼所構成？各位現在都知道，它是個相對的名詞。沒有足夠東西可吃的人當然不能說是享有富足，但有的人要等到能用金餐盤吃飯時，才會認為自己富有。若富有依照你定義的方式享有，你就會知道自己富有……而且切記，連乞丐也享有美麗的大地、雪白的浮雲、彩虹的瑰麗或閃爍的星辰。

不過，這是一本務實的書，而且我確信各位已注意到，我並沒有說足夠的金錢能被一翻兩瞪眼地徹底瓜代。我們把足夠這件事好好再檢視一遍，並從最源頭來看。

財富屬於能看出財富潛力的人

我是在農場裡長大的。嗯，它是塊土地沒錯，人可以看到某些作物在農田裡生長，某些動物則在吃草。但有效能的優秀農人會注意到，有一大堆「農場」根本不能算是農場。它包含了太多未耕地，所產出的是待繳的稅金，不是可食用的糧食或可買賣的農產。

我們缺乏訓練，缺乏資金，缺乏很多其他東西，但我還是不太明白，我們為什麼會讓（相對）財富的潛力閒置不用。過了幾年後，我才聽說了科學農耕，它用十畝地所產出的收入比家父用一百畝同等的土地所能產出的作物還多。最近我認識了一位菜農，他靠著科學化的作物輪種，只靠五畝地就進帳豐厚。此時我就知道，我認識了一個能看出並發揮財富潛力的人。

但要注意的是，這位農人的**基本**財富潛力並不在於他的土地，而在於他的內心，他願意學習聰明的農耕方法並善加運用，或者更往回推，則是他願意學習了解良好的農地得具有哪些條件，並確定自己做得到。

最近報上有一則消息提到說，現今非洲有一些地區要八個人才種得出足以餵飽九個人的糧食作物。所幸良好的農耕方法和農耕機具正在世界各地推廣，現代的肥料也能為貧瘠的土地帶來奇蹟。但要是把同樣這八個耙土的人變成八個牽引機駕駛來種下種子，他們的勞力就能餵飽八百人或八千人。不過，他們的內心首先必須接受的想法是，已有人這樣做了，而且他自己也做得到。財富總是始於內心。

財富總是始於一個看見財富潛力的內心觀念。撇開農場不談，任何財富都能追溯到這個原則上。

因此在尋求**足夠**時，要先探究的是那個在詮釋周遭世界的內心。**你不只是在內心裡構思你想要的財富類型與數目，也是在內心裡把境遇的原料研製成「機會」**。

內心的平靜就是財富

我以前並不是用同樣這幾個字來說以上這句話，但我確信這句話不會令各位感到意外。

這個原則十分重要，所以我還要告訴各位另一則故事。有個人在金錢方面很富有，但卻不知道自己有多窮，因為他沒有內心的平靜。而且在沒發現之前，他並不知道自己少了什麼。為了找到內心的平靜，他必須放棄在商言商的原則，而改採他向來嗤之以鼻的婦人之仁作生意。所以各位會看到，這衍生出了一個相當重要的真實故事。

英雄是……但誰才是這則故事裡的英雄？你必須自行判斷。不管怎樣，主角是個靠不動產賺到大錢的人，他主要是透過出租手中的廉價房產。他發現有一對老夫婦租金欠了很久，於是依照他向來恪遵「是不是樁好買賣」的原則，他決定要和他們解約。

他要律師替他把停租程序給走完，但律師並沒有照他的意思完成解約，於是屋主和律師便有了這段對話。

律師說：「我不想執行你的指示。你可以找別人接這個案子，除非你願意把它撤銷。」

屋主認定，他知道律師在打什麼算盤。「所以你是認為這個案子拿不到什麼錢？」

「噢，是賺得到一點小錢，因為我知道，你想要等房子空下來以後把它賣掉。但反正我就是不想接這個案子了。」

屋主很納悶是怎麼回事。「你是不是被它給嚇到了？」

「完全不是。」

「啊哈！那就是付不出房租的怪老頭拜託要高抬貴手囉？」

「哦，對。」

「而你就心軟了？他拜託你，你就於心不忍了？這是很糟的生意經吔。欸，假如他對我來這套，我就會……」

「他並沒有拜託『我』高抬貴手。他一句話都沒跟我說。」

「哦，他拜託的當然不是『我』，所以我可以請教一下，他是跟誰說的嗎？」

律師悻悻然地說：「他是跟全能的上帝說的。」

「所以他是在你討房租的時候跪下來，然後……」

「不，他不曉得我在場。並不是為了我的緣故。你知道，我敲了門卻沒人應。門開了一半。我以為老夫婦可能已經離開了，於是我就走了進去。裡面相當簡陋，我從半掩的門看進一間臥室裡，有個白髮老婦人在床上倚著枕頭。我正要清喉嚨，好讓她知道我來了，此時她對房裡的另一個人說道：『我現在準備好了。你開始吧，老伴。』」

「有個非常年邁的人從房間另一頭過來，並跪在床邊。當時我怎麼樣就是動不了，也說不出話。接著那個老人一面握著老婦人的手，一面禱告。首先，他提醒上帝說，他和他的老伴仍是祂順從的子民。而且無論祂認為適合加諸他們身上的是什麼，他們都不會違抗祂的意旨。但在年老時無家可歸會讓他們很難過，況且老伴重病又沒有奧援。噢！對於他們的三個兒子，要是祂能饒過一個的話，那局面就會大不相同了，偏偏他們都已不在世上……」

律師拭了眼角。他說：「當時我哭了，但我還是保持安靜。聽著他提醒主，讓信主的人平平安安，以及在自己家裡一起生活了一輩子後，去救濟院會有多令人感傷。他又告訴主，他知道換作是別人可能會去好好討價還價，他則是求主保佑……」律師哽咽了。

「不會是『我』吧！」屋主嘶啞地說道。

「哦，他並沒有提到名字。但他祈求主保佑要索討正當欠款的人。哦……我躡手躡腳地離開了。而對我來說，這個案子就到此為止。我寧可自己住進救濟院，也不想要處理那對老夫婦的解約事宜。」他抓著對方的臂膀，「聽著！我自己來幫他們繳房租，馬上就付錢，只求你繼續讓他們住那間房子。」

「不。」屋主說，他起身走到窗邊。過了一會兒，他也拭了拭眼角。「我會讓他們愛住多久就住多久。」他轉過身來難過地說，「我真希望你沒有聽到那段不是講給你或講給我聽的乞求。」

律師搖了搖頭，「不，它就是要被講給我聽，然後由我來告訴你。我的老母親以前都會唱到，上帝是以神祕的方式在運作……」

「我也聽過這種說法。」屋主說。他把解約書捏在手裡，然後把它撕了。「你何不早上再過去一趟，呃，帶著這張十元鈔票，買一些生活用品給他們。」

「我會在那十塊錢上加碼，買更大一籃給他們。」

「還有，呃，就告訴他們說，房租有人付了，好嗎？」

「好。以神祕的方式付掉了。」兩人相視而笑。

這位不動產業主的財富可追溯到他打破生活慣性的那天，從他不再緊抓不放而開始付出的那天，從他感受到生命首次的悸動並將之轉化為美妙內心平靜的那天。

不要限制付出，而要限制獲得

當然，實際上來說，人所能付出的時間和資源有限。我有提過，你的第一項職責是幫助自己，然後才是幫助別人。當這個原則應用得宜時，還是能展現奇蹟。

所以當我說「不要限制付出」時，我是指不應限制付出的「精神」。比方說，屋主以前捐過善款，但那是為行善而做，接受的當地機關會出於感謝而表彰他的大名，所以對他和他的事業都是很好的宣傳。

有朝一日他在最不把付出當成必要的時候付出，那就不一樣了。有朝一日他感受到那個大過自己的東西經由錢包在運作時，那就是會讓世界完全然不同的力量。

從那天起，他人生的整個精神層次都不可同日而語。

演講的回報

這個小標題跟「狗咬人」的新聞沒什麼兩樣，因為我演講過許許多多次。它的意義在於：我是去一所小型學院演講，而且我待在那所學院的時候，針對他們在工讀方面的一些活動做了一大堆筆記。

當會議主席把演講費拿給我時，我把它退了回去。我謝謝他，表示我所蒐集到的素材已足以讓我的《黃金律雜誌》(*Golden Rule*) 寫出兩篇以上的文章了，所以覺得受之有愧。

後來《黃金律雜誌》的訂閱單便從該學院的鄰近地區湧入。學生決定，既然我關照了他們，那他們也要關照我，於是他們就匯集了不少訂單。我得到了好幾倍的酬勞。這就是事情的經過！

黃金律到底是什麼？

你知道某種形式的黃金律遠在耶穌時代就已經有了嗎？他給我們的是大多數人所知道的形式，但以下是幾個歷史更悠久的版本：

他為別人尋求自己所渴望的好處。（埃及碑文，西元前一六〇〇年左右）

己所不欲，勿施於人。（孔子）

我們希望世人怎麼對待我們，我們就該怎麼對待世人。（亞里斯多德）

各位可以看到，黃金律被確立為人類行止的一大定律已有數千年之久。遺憾的是，世人記得定律裡的字句，卻太常忽略了這條普世諭令的精神。以下列說法，各位會更容易把它跟那種對你和別人都有幫助的行止連結起來：

黃金律的意思是，假如易地而處的話，我們希望別人怎麼對我們，我們就應該怎麼對別人。

想想這點。它不全然是你在《聖經》會找到的黃金律。它又往前跨了一大步，因為它意謂著你要從**對方**的角度來判斷他的需求，以他的眼光來看世界。

且容我在嚴肅的主題裡加入一點戲謔，這樣可以幫助各位記憶。有個古老的故事是關於一位傳教士在南洋島嶼上對當地原住民傳教。他特別把自己的黃金律版本教給了他們，也就是通行的版本：**你要別人怎麼對你，你就怎麼對人**。部落的酋長深受感召。有一天，他去敲傳教士的門，說他帶了一份禮物給傳教士……另外六個太太！

把這個教訓好好加以運用，你會看到**付出的真正美好就在於，為對方付出「他」所需要的東西**。

正是這種付出才跟補償律完全切合，也符合明擺著的人類經驗，恰恰說明了，當付出真能滿足需求時，要先付出才會獲得。

我在本書跟各位談過很多類似的付出實例，在此毋須重提。各位假如願意回頭去看看一些類似的實例，就會察覺到黃金律的蹤影。各位也會察覺到它跟《聖經》裡另一句名言的關聯性：**種瓜得瓜，種豆得豆**。

我們不應滿足於人生桌上的丁點碎屑，也不應企圖攫取得太多。黃金律似乎常展現出強大的夷平作用，以確保結果會是如此。它創造出一股恆常精神，會善意地考慮到他人的需求與權利，使本身真的有能力付出的感覺在受到黃金律所灌輸的內心裡油然而生，而沒有要獲得的念頭（狹隘的內心往往會把它扭曲為「攫取」）。付出是獲得之母；有條財富的來回通道或許不會反映在膨脹的銀行戶頭上，但倒是會反映在已知道這種財富的內心裡。幸福、平靜和健康就在其中，而光是在金錢上富有的人或許永遠都不會明白這個道理。

建議你在社區裡四處打探一下，找出某個把累積金錢當成生活目標的人。找出某個對任何數目的金錢都嫌太少、對什麼數目都不嫌太多的人；而且，令人感嘆的是，你總是能找出這樣的人。問問他是怎麼把錢賺到手，他幾乎肯定是個沒什麼良心的人，因為當你的視線裡只有一堆等著填滿的空錢包時，良心就會礙事。

觀察這個人。從他的靈魂裡尋找溫暖；你是找不到的，除非談論的主題是錢。從他的笑容裡尋找溫暖、有人情味的款待；你是看不到的，他笑起來宛如鯊魚。注意他所展現出的人生樂事少得可憐。噢，他或許會去體驗各種昂貴的享樂，但那又是另外一回事了。

就人性的詞義上來說，這種人不算是真正的人。他是自動化機器，一部賺錢的機器。但這個機器人會受到不少人羨慕。他們會以在他身上看到所謂的成功為榜樣。

不幸福能叫成功嗎？凡是真正有人性的人都知道，兩者在有價值的人生中必然是結伴而行。認為擁有太多才是幸福的人，絕對不會幸福。要等到把黃金律的文字化為行動，並和他人分享幸福時，人才會真的幸福。此外，黃金律不像課稅那樣可以強制執行。當分享是自願、除了付出就別無目的時，分享幸福才會帶來幸福。

怎樣的薪酬才算太少？怎樣才算太多？

我很高興自己的名字沒有跟大企業扯上關係，幾乎可以這樣說啦，其中一個原因容我再說一遍：我總能毫無顧忌地指出，大企業應該要更大方地跟員工分享，不管是機會還是利潤。

古代的船奴都是跟槳鏈在一起，被餵食的東西也只夠讓他們活命。各位或許在撼動人心的故事《賓漢》(*Ben Hur*)中看過，當大船快要沉沒時，沒有人去幫划槳的人解開鏈子。他們跟著船一起滅頂，彷彿他們就跟機器沒兩樣。在精神上來說，他們完全就是。

工業革命後一百年內的多數勞動條件令人想起了這種哲學。企業主靠著盡可能壓榨工人來牟利，給他們的卻是能少則少。在我年輕的時候，這種做法還是所在多有。我能活著看到一些分享的精神進入工廠與辦公室的世界，我把它視為一種福氣。現在我們會膽顫心驚地回頭去看，人們以低到不行的薪水一天工作十二或十四小時，並納悶我們怎麼能笨到這樣，看不出來這會同時對人與社會造成多大的傷害；但現實就是如此。

時至今日，工作的報酬多半是「額外福利」加上直接薪資。怎樣的薪酬才算太少？怎樣才算太多？這個問題依舊存在，而且我敢說會一直持續下去。這不能從絕對的角度來看，因為金錢的價值一直在變。

不過大體而言，有一件事仍是十分絕對：在所屬時代的環境中，人的勞務價值就跟他所付出的一樣高。大多數五十歲以上的人在回顧工作的收入模式時，都看得出情況就是如此。

再者，我們在直覺上就知道這點，並會表現出自己知道。我很珍惜亨利・福特跟我說過的一則故事，它把這一點闡述得很精妙。

在現今十分龐大的事業草創時期，福特先生登廣告要找一位業務總經理。他把應徵表篩選了一遍，找了一些比較看好的人選來面試。在面談到某個人時，他最後開始討論到了薪水。他們似乎無法講定一個數目，於是福特先生就說：「不如你進來一個月，讓我們看看你有什麼本事。到時候你值多少，我們就付你多少。」

應徵者說：「唉呀不行。我在現在上班的地方所領的錢都要比那多了。」

福特先生笑說：「結果後來的情形證明，他脫口而出的話竟一語成讖。在第一個月的月底，我們就不得不請他走路了。」

我不曉得福特先生為什麼會雇用這個人，不過想必是他看似具備了職務所需的經驗和其他特質。後來證明，這個薪資水平就是他所能付出的水準，而報酬也相襯。

你騙不了黃金律

這麼說來，連聘雇和解雇的情況都適用黃金律嗎？我不會說鐵定是如此，但長期平均看下來，沒錯，它的確適用。與黃金律並轡而行的補償律也適用於各種形式的補償。不要甘於太少和不要攫取太多的提醒也適用。人生的有益定律不會單獨運行。

不要以為你真的騙得了黃金律。「看似」付出別人想要的東西，心裡面卻暗藏著不誠實和自私的本性，這對你一點好處也沒有。愛默生說過：

人類的性格的確永遠都會露出馬腳。它隱藏不了……它會衝進亮處……我聽一位老經驗的辯護律師說過，他從不擔心打心底就不相信委託人應該獲得無罪判決的律師去影響陪審團。假如對方律師不相信，他的不相信就會讓陪審團看見……而變成他們的不相信……對於不相信的事，我們說起來就會不俐落，雖然我們或許會一而再、再而三地重複那些話……

人是依自己的價值在走人生路。他是什麼樣的人就刻劃在他的臉上、他的精氣神上、他的命運上，用的是光寫下的字跡，除了他自己以外，所有的人都看得到……每一次的違背真理不但是說謊者的一種自殺，也是對人類社會的健康捅了一刀……對人信任，他們就會覺得有責任信任你；善待他們，他們就會展現出自己的善。

現在各位已在許多不同的方面讀到了至高祕訣。各位要充分接受這是帶你通往內心平靜與財富成就、經過驗證及評價的指南，一點都不困難。

13 致富心法總結

富足是由什麼所構成？

有很多農人的土地都有讓他富足的潛力，但他卻一直很窮，因為他並沒有看出那股潛力。每個人的內在都有富足的潛力，但卻可能一直很窮。當你看出財富的潛力時，財富就會降臨。此時你要先在內心裡構思，怎麼樣才能把境遇的原料轉變成建立財富的機會。

內心的平靜就是財富

內心的平靜會避開許多自以為有錢但實則不然的人。等人找到內心平靜時，他就會知道自己少了什麼，從那天起，他的人生也會改變。當人發現到要怎麼在沒有預期中付出，要怎麼在看到別人的確有需求而自己不考慮獲益的情況下付出時，內心平靜常常最後就一定會出現。物質上的付出必然有它的極限，但精神上的付出則無遠弗屆。

黃金律是什麼？

要把黃金律視為幫助別人的方式，就像假如易地而處的話，你也會希望他們幫助你。這會使你的注意力集中在別人需要什麼上，並帶來真正的人道關懷。黃金律會展現出強大的夷平作用，以確保你擁有的不會太少、也不會過多，但那些大量的財富還是會流經你的雙手。只為了累積金錢而活的人不會懂得幸福，而且除非人成功地得到了幸福，否則就不算是真正的成功。

14

相信的神奇力量

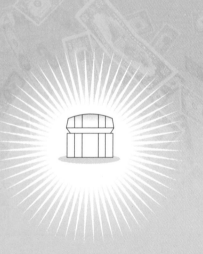

相信的力量裡存在著至高祕訣。相信是開啟基本內心力量的鑰匙，可以將概念化為現實。可以達成目標的方式看似不可思議，但我們只是運用了人人都有的天賦力量。連人體內的物理變化都能由深植的信念所引發。擁有豐厚財富的關鍵多半是存在於自我暗示這種簡單過程之中。全神貫注在你想要的東西上，你就會看到指示方向的路標。人的進化力量現已在人的掌控之下，你可以掌控自己的演化，成為更好、更成功的人。

凡人心所能相信的事，人心就能實現。

請把這句話再慢慢念一遍：凡人心所能相信的事，人心就能實現。

假如你是在本書的開頭看到這句話，你或許會覺得有點太過空泛，無法立刻消化理解。

但讀到了現在，你看過了許多模式，有成功和失敗、幸福和不幸福、人帶給自己的內心紛亂和內心平靜。

現在當你讀到：**凡人心所能相信的事，人心就能實現**，你就知道，變身為成就的成就觀是人類的偉大特權。

凡人心所能相信的事，人心就能實現。這就是**至高祕訣**。

真的，深信自己會擁有大量的財富，你就會擁有。

真的，深信自己會擁有良好的身體健康，你就會擁有。

真的，深信自己會擁有內心平靜，你就會擁有，也就能享有一切伴隨它而來的奇蹟。

凡人心所能相信的事，人心就能實現。這是過往的時代就知道的祕訣；這是主掌當前成就的祕訣；這是會跟著人類上太空的祕訣；這是歷久不衰的祕訣。

「相信」是什麼意思？

有一句老話說：「『但願』不足以成事。」這是真的，並有助於你記住「但願」並不是「相信」。

但願本身是發生在內心的表面。但願……你可能會這麼說，並加上任何能激發你的幻想的願望：但願……能有一百萬元掉到你的大腿上……拍動雙臂就能飛上天。但願不受自然律限制。不過，這個顯而易見的事實並不是但願和相信的主要差異。

「相信」是在內心的深處所創造出來。相信會變成你的一部分。這就是為什麼深信不疑的相信可以改變腺體的分泌和血流的含量，並造成其他無法用醫學的所知來解釋的生理變化。同樣地，相信在把它的未知波長從你的內心深處散射到別人的內心深處時，會產生可觀的「人格影響力」，以及其他許多我們無以名之的東西。**「相信」的生命力比「但願」要強得多，許多志業就是靠它使人甚至超越自我保護的本能。**就是靠著相信才能創立宗教、保住國家，並支撐歷來所達成的任何大事。我再說一次，相信是你的一部分；這就是為什麼你能達成你所相信的事。再者，當你堅決地相信時，你就會一直相信，就跟你會一直活下去一樣。

意識與潛意識

有人說過，意識是提供「我們所知道的思想」。例如你想要穿鞋子或聽收音機，並知道意識的思想，就會採取適切的行動。

假如有人想要把鞋穿上或打開收音機，那他為什麼不該動手這麼做？似乎就幾乎找不到任何確切的理由。但現在讓我們做個假設，不把那台收音機打開或許有某種理由。假設在這個時段可以聽到某台的外國廣播，而你的政府是專制的政府，對收音那台廣播的人訂立了罰則。再者，你知道無法完全安全地收聽那台廣播，因為你懷疑屋裡有間諜。

你會不會伸手去打開遭禁廣播的開關呢？這就完全取決於你的潛意識了。我們基本上並不是在意識層次恐懼或勇敢，而是在更深層的地方。所以潛意識會在你不知道的情況下指揮意識，使意識中出現你所知道的思想。

「住手，你的下場會是坐牢！」

或者，「在任何情況下，我都會伸張我的自由來收聽我想聽的東西」，甚或是妥協，如：「我去看看樓上那個大嘴巴包租婆在不在家，不在的話，我就把收音機打開」。

把這再往前推一步。假設你在意識裡說：「無論如何，我都要在晚上九點把那台收音機打開！」可是你是但願你這麼做，而不是相信你會這麼做。同時你的潛意識裡一直藏著恐懼，它等於是指示你不要把收音機打開。此時潛意識會把各種迴避和藉口灌輸給意識。你會有意無意地晚回家，或是正好衝回家時卻「不小心」撞到收音機，使它從桌上掉下來砸爛。（這樣的意外夠誠實了，因為你會有意識地相信它是樁意外。）或者你可能會和人約好，在廣播的時候去做別的事，然後等潛意識讓你有意識地想起來時，才驚覺這是廣播時段，而你竟然蠢到讓自己去忙別的事。

不要用不誠實的角度來解讀這一切，或是提說沒有一種考量應該高過個人把收音機打開的權利。要宏觀地來看，要看出潛意識才是深藏不露的老大。

各位大概已經很有機會體認到這點，就在你說有件事你壓根不會去做時，因為它有違你的原則。真正的原則你會堅決相信，是屬於你的一部分，而且當然會是非常有用和必要的東西。

所以潛意識才是深藏不露的老大，並且會對你的意識下達命令。但各位看了本書肯定就知道，潛意識是種非常特別的老大。它會跟你商討，並考慮在有需要時更改、取消任何既出的命令，而以別的來取代。

把你想要的信念決定好，牢牢植入潛意識中，此後潛意識就會指揮意識去把那樣的相信「化為現實」。

讓你的信念裡包含成就的概念，潛意識就會找出方法和手段來邁向那樣的成就。要是單憑著但願的力量，它就會完全落空。各位或許會談到「好運」和「僥倖」，但你指的是所有的感官對你想要的成就都變得敏銳了；所有的心力都從其他的事情上抽離，而往那樣的成就集中過去；在力量和機智上大有斬獲；與其他若非如此就無從對你伸出援手的心靈相通；不一而足！金玉良言也不足以形容相信的力量。唯有感覺到相信在把你推向成就的目標，你才會終於明白，有一股不可抵擋的力量在自己的掌握之中。

相信所能實現的事有極限嗎？

假如有極限存在的話，這個極限也還沒有人看過。我常常提到說，我們有時會產生超乎尋常感官的力量。（並非超自然，而是我們才開始了解的自然力量。）潛意識的深信對於獲得這些無形力量的加持則大有助益。

在我小的時候，有一次得了傷寒，也是我唯一得過的重病。我病了好幾個星期，而沒有出現任何好轉的跡象。家父在多年後告訴我，到最後，我陷入了昏迷。兩位到我們的農場來替我看診的醫生告訴家父說，他們無計可施了；我的大限只剩下幾個小時。

家父走進了森林。他在那裡跪下來，向不是世間醫生的另一位醫生禱告。禱告使他強烈且完全相信我會康復。他持續跪了一個多鐘頭，到最後覺得大為平靜……那種內心的平靜就是內心能發揮出最大作用的狀態。突然之間，不知從何而來，但沒有一絲的懷疑，他很平靜地知道我會康復了。

我不知道家父的禱告可能是在哪裡被聽到、有沒有被聽到，或者是否純粹是因為禱告而給了他專注與強烈的動力，那正是構成潛意識深信的一環。但我知道的是，當他回到屋子裡時，便發現我坐起身子了。而在幾個鐘頭前，我是不可能做到的。

我坐起身子，喊著要喝水，而且一如我們常說的，我的燒也「退了」。

我的下一代，另一個目標

我有幸在自己這一代和我兒子身上看到，深信是如何能帶來「不可能」的成就。

我的兒子布萊爾生下來沒有耳朵，也沒有一般聽覺構造中許多重要的部分，但我抱持著他終將會聽到的念頭。我要為了橫亙在我和布萊爾面前的阻礙而先簡短地懺悔一下，包括我不讓他學手語而受到了責難，以及想讓他自覺是「異類」而打亂了他的生活等等。無論如何，我知道潛意識可以造就奇蹟，只要調整成健康意識，就會為身體帶來健康與適當的機能。

意識經常是擔任某種守門人，守著潛意識的入口。所以就如我們所說：「口服心不服的人所抱持的看法還是沒變。」因為他的同意只是在意識層面，也許是為了息事寧人，而不是由潛意識來「更改命令」。或者在非常態的處境下，我們會「渾然忘我」而沒有展現出慣有的習性，但事後就會回歸到平日的表現方式上，因為它並沒有烙印在心底。

催眠在某些時候與某些人身上似乎會繞過意識。不過，有個更好與風險更低的方法可以跨越意識的障礙，並把指令根植到潛意識裡，好讓它被吸收與反饋出來。這個方法就是對入睡中的人發出指示。意識睡著了，但潛意識並沒有睡著。近期的研究指出，在某些睡眠的階段，內心的接受力會比在其他階段要高，而且我很高興看到現代對此技術的探究。我或許白費了一些努力，但我的努力是如此持續不懈，並得到了這樣的信念所印證，於是達成了其他很多人說我絕對辦不到的事。

我在布萊爾睡覺的時候對他說話。我直接對著他的潛意識說話，並把我對它的期望告訴它。他的神經系統則透過脊椎按摩的調整，接收到了額外的刺激。

靠著這套方法，我誘使大自然生出了另一組聽覺神經從布爾萊的大腦連到腦殼的內壁。此時他並沒有長出耳朵，但已能聽到相當於正常音量的六五%左右，後來也適應得相當不錯。有些人可能會稱之為療癒的奇蹟，但我寧願稱它是大自然的實力展現。

布萊爾究竟是怎麼聽到的？就是靠骨骼傳導到腦殼內的那些新神經。現在我們知道，有些很厲害的新式晶體管助聽器就是仰賴骨骼傳導。

這套方法可以擴大施行嗎？

我的方法有效，但必須有個專人在晚上持續當班好幾個小時。後來我拿留聲機來實驗，讓它每十五分鐘就重播一次錄好的留言，並傳送到入睡者枕頭底下的聽力裝置裡。我自己就從這個裝置中獲益良多。

我們也知道，有時候外面會有人賣通訊裝置。這些裝置是受惠於聲音錄製與傳輸的現代科技，但原理都一樣。同時我還注意到，近來對睡眠學習技術的其他研究點出了大家可能會遇到的一些困難：

首先，光有機器還不夠。必須先「相信」潛意識可以而且會在意識睡著的時候接收到錄音內容。有存疑的內心可能會不把留言當回事。充滿恐懼和自卑或是兩者兼具的內心很快就會認定，這「玩意兒」用起來太麻煩了。

接著也有一些人只因為有機器在床邊就睡不好，使得意識根本無法真正休眠。也許他們應該把自己調整到睡得著，不管有沒有機器在，但我懷疑這種人大部分都是比較急著在可以試用的期限內退還機器！

還有很多人似乎會拚命否認，睡眠學習能帶來任何好處。錄在潛意識中的留言需要時間，才能在內心的無數細胞裡扎根。假如任由甚至鼓勵意識趁清醒的時候投入負面的思想，比方說過去失敗的回憶，或者過度擔心別人對某種做法會怎麼想等等，那就無法收效。

最後則是我發現到，錄下的留言必須在個人處於有意識、絕對清醒的狀態時加以複習。他應該要把錄下的留言背起來，留言當然只能跟所要實現的事有關，然後不要帶著雜七雜八憑空想像出來的阻礙。他應該要把這些完全正面且很聚焦的留言在一天對自己複誦好幾次，使意識對它熟悉，而且要透過反覆的設定才能跟潛意識對上話。

到最後，睡眠學習或許就能趨於完善，因而開啟偉大成就的新世界。這或許當下就對你大有助益，但我更希望把它描述成一個例證，告訴你藉由此法潛意識可以接受永遠在往後引導你的命令，並如我所提到的甚至會使人體內產生神奇的變化。

本書所強調的事實在於，我們每個人的內在都蘊含著發掘自身傳奇的手段。懂得至高祕訣：人心所能相信的事，人心就能實現，你就會明白自己有那個條件，即你的內心，你也會得到另一個必要的條件來配合……財富充斥和機會遍布的世界。

把兩者結合起來吧。

自我暗示的本領

在克里夫蘭有個身價約千萬美元的人。他最早賺的錢是來自把電視機擺進超市裡，好讓客人在購物的時候看他們所播放的特別節目。這既不需要任何新發明，也不需要對成千上百萬人灌輸新的生活方式。它甚至不需要龐大的資金或特殊的地點做為有利的起跑點，因為這個名叫阿特．莫德爾（Art Modell）的人一開始只是造船廠的工人。他想出了這個主意，並把它拓展為一項成就。

有個來自辛辛納提的人名叫麥維可（McVicker），他被引述過一句話：「你必須堅信不移……才能平息別人的質疑。」他相信清潔壁紙時所用的麵糰狀材料會吸引小朋友和父母來把它當成不太沾黏的模型材料。別人都告訴他，他是錯的。他卻把生意做了起來，一年約有四百萬美元的營收。

現今的這些成功人士都是因為相信才實現，就跟亨利．福特和愛迪生一樣。相信為他們指出了成就之路。哥倫布是如此，耶穌的門徒保羅是如此，而你也可以。

自我暗示的本領完全是自給自足的。我們等下就會在白紙黑字上看得一清二楚。先問問自己：我想要什麼？這可不是個好回答的問題。你想要什麼？我再次列一份清單來協助各位思考：

- 改善整體健康
- 改善某個特定的健康或機能

- 改掉任何的壞習慣
- 消除恐懼
- 轉化性能量
- 找到合適的結婚對象
- 減重或增重
- 擺脫不合時宜的習俗或過時的生活方式
- 與他人相處得更好
- 對別人發揮影響力
- 靠內在的指引選擇事業或職業
- 金錢

當你知道了自己想要什麼，就可以放手去追求。你需要明確的首要目標。內心觀念模糊比純粹的希望好不到哪裡去。決定自己要去的方向，然後而且就是在此時，你才會開始看到指引你前進的路標。

你將開始賺到錢，而且我相信，你會把它視為財富的唯一形式。但我說過了，錢有助於我們達到其他許多形式的財富。你很可能自動就會將金錢看成目標，所以我們就把這個目標當成原型來說明自我暗示。

你想要賺到多少錢？

各位將重溫克萊門特．史東和其他人的故事，他們訂出了某個金額來當作自己的目標，並把那個數目賺進了口袋。他們並沒有滿腦子都想著路途上的困難，或是競爭者的威脅。他們相信自己會賺到錢……也達成了自己所追求的一切。

好，這就是利用自我暗示來幫助自己賺夠錢的方法。它是透過六個步驟來刺激潛意識：

步驟一：**找個可以讓你獨處而不受打擾的安靜地點**。有很多人發現自己在就寢前躺在床上時，內心的接收力會提高。閉上眼睛，複誦出聲音來，傾聽自己所說的話，包括你打算要賺的金額，你為了累積到這個數目所訂下的期限，以及說明你打算提供或販售什麼勞務或商品來換得那筆錢。

步驟二：**把同樣的話寫下來**。（假如你要的話，這件事可以先做。）仔細而詳盡地把它寫出來。把它背起來。當你走到安靜的地方對自己複誦目標時，就按照所寫的內容逐字唸出來。你可以任意修改，直到這段文字完全清楚明白為止。用自己的講法加上一段類似下頭這種性質的話：

我相信我會賺到這筆錢。我堅信此時在眼前就能看到那筆錢。我正把這筆錢拿在手上。我知道它存在，且正等著交到我的手上，以換取我用十足的誠意和一切可能的技巧與勤奮所提供的勞務。有個存在著的計畫將在（把截止日期說出來）把這個數目（把數目說出來）交到我的手上，而且我敏銳的內心將會接收到這個計畫，並使我遵循。

要觀想到自己提供勞務或交付商品。要觀想到自己收到款項。這點很重要！

步驟三：把你所寫的宣言放一份在早晚都能看到的地方。起床時讀一遍，即將就寢前再讀一遍。你也可以隨身帶著，一天讀個好幾遍。但尤其重要的是，早上的第一件事和晚上的最後一件事就是要把它讀一遍。

同樣地，你在讀的時候，要看到自己在從事會替你賺錢的行為。感覺一下手裡的錢。**感覺時要帶著感情。**光照著文字唸唸（或背給自己聽）毫無意義，必須帶有渴望的情緒電荷。眾所皆知的是，潛意識比較講究**情緒**，而不是**理性**。

步驟四：運用智囊原則。想按各位在前一章所看到的方法來組成智囊團不見得人人都做得到。但與其用錯誤的方式來組成，沒有還比較好。不過，各位可以善用這個原則，去找合適的人選商量。這些是能幫助你的人，假如可能的話，也是你能幫助的人。別忘了，假如你想要找銀行業者談生意上的融資，你就是在幫助他做生意。（而且別忘了，有很多「冷血」的銀行業者都曾臣服在他想要借錢的人身上所看到的信心、信念與熱忱。）

你跟愈多的人談過，所得到的資訊就愈多。他們知道得愈多，你就知道得愈多。不過，要選對人才行。有時你會在其中遇到心靈與你相通的人。對你所掌握的潛意識動能來說，跟這樣的人交談是個大補丸。

步驟五：當計畫成形後，就切實執行。你心裡有數。潛意識就像是肥沃的園地，任何種子都能在其中成長，不管是雜草的種子還是財富的種子。透過自我暗示，你就能製造奇蹟而阻絕掉雜草的種子。不過，當財富的種子落在你的潛意識園子裡時，它的成長就要看你對它的照料而定了。

不要呆坐著等計畫從天而降。比方說，你可能無法確切得知事業會在哪裡開展，但在等到對的地方吸引到你靈敏的注意力以前，應該儘量接觸許多可能的地點，對事業更加了解，並試其他一百種方式把達到成就的歷程灌注到內心。想想當我需要出版商時，他們是怎麼找到我的。

步驟六：一旦有了各個細節都照顧到的成熟計畫，就把計畫寫下來。早晚都要熟讀一遍。堅持下去，但假如情況顯示需要調整比較好，那就著手調整。這樣一來，你的內心不會一直在不同的選擇中搖擺不定。潛意識就會以強大的力量把選擇篩選出來，以便讓你知道，必須怎麼做才能達到目標……

我還可以把「信念」列為自我暗示的第七個因素，但信念無所不在。在我的另一本書裡，信念被稱為內心的頭號化學家。當信念和思想搭配起來時，它就會變成潛意識真正相信的完美成分。當信念成了你的一部分，它就會緊跟著你對自己所複誦的每句話。它會變成你性格的一部分、個性的一部分。信念有助於你為思想賦予感情，使它超越理性的力量而進入另一個讓思想化為現實的心靈層面。

現在就帶著對信念的理解，把自我暗示的六個步驟再看一次吧。

以全新的角度看待身心

至高祕訣就是：凡人心所能相信的事，人心就能實現。要這麼說也行：只要是內心所能相信的事，內心就能實現。但我所要強調的是「人」心的力量。沒有一種生物能像我們這樣掌控自己的內心，察覺和探索它的力量，並設法把這些力量提高到超越想像的地步。

各位對於當人已習以為常。偶爾花時間去體會一下身為人類的獨特之處。

皮耶．勒康．杜奈(Pierre Lecomte du Noüy)[1]博士是當代研究人和人心的偉大評論家。在他的偉大著作《人類命運》(*Human Destiny*)裡，有一段話是我最喜歡的，我也很愛拿給看不出內心有可能治癒身體的人看。我把這段話引述如下：

人體是由個別獨特的存在、也就是細胞所構成，而且每個細胞的特性截然不同。有平凡且眾多的庶民，也就是纖維母細胞；有獨立的化學家，包括肝臟和骨髓；有依照大腦和神經系統傳達指令行事的化學家，它知道要怎麼在神經末梢立即製造乙醯膽素來收縮肌肉，和製造腎上腺素來使它放鬆。有貴族細胞，也就是大腦的錐體細胞，活在高高在上的不孕狀態中，從來不自我繁殖；有傳送指令和反應的神經細胞；有防衛細胞、保護細胞、治療細胞。人的自主人格就是由全體的協調而來。

1 法國生物統計學家，曾隨居禮夫人研究物理學，後因研究所演繹出的哲學與天主教教義日趨雷同而皈依天主教。

而且這段簡短的敘述幾乎沒有觸及人的身體和大腦內在組織、展現和運用思想力量時那群令人驚歎的因子。

這對全世界的教育體制是一大控訴。大多數的人來到這個世上，過完自己的年限後去世，都渾然不知自己的思想力量，不曉得人生就是由這種思想力量來決定好壞。還有更糟的是，我們被教導了各種事，卻鮮少被教導去運用自己的內心來獲得一種必要的財富形式，那就是內心的平靜。

這對宗教人士是一大控訴。他們對於要怎麼準備到天堂生活似乎知之甚詳，但對幫助我們準備在此時此地活得富足、平和與幸福卻鮮少著墨。

這對我們的文明也是一大控訴。絕大多數的人都把大部分的思想對焦在恐懼上，而不是專注在能把想要而非害怕的東西加以實現的觀念和篤實的信念上。

每個人都能超越自己

杜奈博士明確地指出，人類有能力突破自己的極限，進而擴展自己的力量直到永遠：

我們全都有各自的角色要扮演。但唯有一直想做得更好及更有突破的情況下，我們才能扮演好自己。就是經由這種努力，我們親身參與了演化並盡了本分……假如我們有子女，我們在統計上就加減做了點參與，**但除非我們發展出自己的人格**，否則我們在真正的人類演化上就不會留下足跡。〔改變字體是我想凸顯的重點。〕」

杜奈博士顯然注意到個人行使在思考選擇上的特權很重要，那是心靈與精神成長的手段。因為他接著說道：

柏格森（Bergson）[2]說：「有智慧的個體都深藏著超越自己的本事。」他渴望知道那是什麼本事，而且一定要奮力把它發揮出來。靠著著實驚人的抽象能力，大腦的無比天賦使演化到目前為止所使用的機制顯得落伍，因為那些不但緩慢且時而笨拙。光是憑著大腦，人只花了三代的工夫就征服了空域；動物則

2 法國觀念論哲學家，直覺主義的代表人物，曾獲一九二七年諾貝爾文學獎。

是透過演化的過程，花了數十萬年才達到同樣的結果。

光是憑著大腦，我們的感覺器官就擴大了上百萬倍的範圍，把最遙不可及的夢想遠遠拋在腦後；我們把月球帶到了三十英里之內（杜奈是現代作家，但看得出來他已經需要獲取新知了！），我們看到了無限小，我們看到了無限遠；我們聽到了聽不見的聲音；我們使距離縮短，並打敗了實際的時間。

我們駕馭了宇宙的力量，甚至是在我們成功徹底了解它之前。我們讓大自然所使用冗長又費時的嘗試錯誤法臉上無光，因為大自然總算成功地打造出它的傑作：人腦的形式。但演化的偉大定律仍在運作，儘管就我們而言，適應已失去了它的重要性。演化的進程現在是由我們在負責。

假如我們誤解勝利的意義和目的，那我們要怎麼毀掉自己都行；假如我們領略到它的全盤意義，假如我們明白要達到它只有靠朝著道德與精神的發展衷心努力，那我們要怎麼突飛猛進、加速演化、跟上帝合作都行。

內心平靜與內心力量

既然人生會達成什麼要看你先構思了什麼，這點則主要取決於你內在深處潛意識裡所相信的事，所以你會看到，人生是端賴於你相信的力量。

不，純生物性的生命過程並非端賴於這股力量。造物主使人類這個演化的至高成就甚至不用知道自己活著就能存活下來。心的跳動、肺的呼吸、消化的過程和其他的重要機能都是由會自我照料的大腦騰出一部分來照料。

除此之外，還創造出了從來沒這麼好的物種。他會立定志向，並往志向的高點邁進。看到還有高點，他又會立定志向，並達到那個高峰；而過了之後，仍會自強不息。

值得注意的是，哲學家總是深知內心寧靜與平靜的力量。這絕對不是內心空無志向，而是內心能把持、判斷和評估最高形式的志向。平靜的內心也不是不在塵世走動、沒有世上種種雜事可忙的人所獨有的特質，因為有些最平靜的內心反倒生活得最忙。記住，**我們所說的內心平靜就像是無聲無息的中心被其他的一切繞著轉，就像是充滿能量的大型運轉發電機在做有用的事，但它的運轉總是要歸功於中間那個不動的轉軸。**

平靜的內心要怎麼盡情構思都行。它的潛意識裡不帶有會阻礙意識並連帶阻礙有意識行為的衝突。平靜的內心是自由的內心。它的力量無窮。

基於內在的平靜建構的偉大信念，會成就真正的不凡，並且有可能達成。或許不是每個人都能做到，但凡是了解內心平靜和內心力量是同一件事的人，就有辦法達成。

是誰跟你說做不到的？他有什麼了不起的偉大成就讓他夠格說出「不可能」這三個字？

14 致富心法總結

凡人心所能相信的事，人心就能實現

這就是至高祕訣，永遠是人努力掌控自身命運的基本祕訣。構思能在人生中前進的一大步，使潛意識深切地相信，相信就會變成現實的堅實基礎。「『但願』不足以成事」，因為光是「但願」並不能穿透內心深處；但真正的相信則會變成你完整存在的一部分。

意識與潛意識

潛意識是你深藏不露的老大。雖然意識掌控了有意識的行為，但那些行為的模式卻是聽命於潛意識。假如你在潛意識害怕做某件事，你可能會製造藉口來逃避，

以避免自己採取那個行動。但可以說服潛意識去改變任何既出的命令，進而完全改變人生。深深不疑的相信會成為你的明燈，潛意識則是它的座檯。

潛意識擁有無窮的力量

適當運用潛意識能讓我們跟超乎尋常感官的力量保持聯繫。思想可以傳送到入睡者的潛意識，而繞過意識的守衛。這就是看似治療奇蹟的祕訣。睡眠學習法到最後或許能趨於完善，因而能開啟心靈力量的偉大新境界。

自我暗示與成功

凡人心所能相信的事，人心就能達成，認清這點後，你就能明白深信不疑會開啟偉大的機會之窗。為了得到想要的東西，你必須把相信集中在明確的首要目標上。金錢這種目標需要判斷力來處理，但它是個合宜的目標，也是個明確的目標。自我暗示的技巧應聚焦在你想要的確切金額上，以及要用來賺到那個數目的方式上。內心平靜和內心力量會並轡而行，平靜的內心則是最能產生大觀念、大信念，並把這些信念當成如假包換的現實來享受的內心。

15

熱忱能成就一切

熱忱是強大的說服工具。拿出熱忱請人幫忙，加入在此所提及的一些心理因素，你的請託就會變得難以抗拒。熱忱必須以真誠想提供服務的渴望為後盾，而你所得到的幫忙也應該要使幫忙的人受益。你在找工作時，要遵守一些重要的規則，以確保自己能找到具備各種快速升遷潛力的合適工作。要確定自己做的是可以一展長才的工作，因為那是邁向財富與內心平靜的一大步。

我一直在找兩封歷史久遠的信。我前一陣子曾將它刊載在一本書裡，得到的迴響則使我確信應該再把它登載出來一次。

這些信論述了熱忱的部分特質，整個論述則再經過我逐年的修改與補敘。不過，我從來就看不出主要的原則有什麼需要更改的理由：

熱忱是激勵並喚起人去把心中計畫付諸行動的心態。在所有的情緒中最具感染力，並且會把認同與行動的幹勁傳送給所有能聽到你說話的人。

現在我就把當時所寫的信原原本本地攤在各位面前。各位看了以後可能會說：「再也沒有人是這樣寫信了。」的確，書信的寫法變了。我希望能一直記得這點。但記住以上所說的原則，再來看寫法和上述原則哪一個比較重要。先看信，我再把來龍去脈告訴各位。

某某先生鈞鑑：

我剛完成一本新書的手稿，書名是《如何銷售服務》（*How to Sell Your Services*）。我預料本書會有數十萬冊的銷量，而且我相信，買書的人會欣見有機會讀到閣下針對行銷個人服務錦囊所給的金玉良言。

因此，能否請閣下不吝撥出幾分鐘時間，為我的手稿寫下隻字片語於拙著中發表？這對我個人而言將是莫大恩惠，而且我知道本書的讀者也會很感謝您。

對於閣下費心惠賜的任何關照，在此先聊表謝意。

謹致問候

某某先生鈞鑑：

閣下是否願意寫一段鼓勵的話或一句提點，給數十萬個尚無法像閣下這樣卓然有成的朋友？

我即將完成的手稿，書名是《如何銷售服務》。書中提出的主要論點在於，我們提供的服務是因，薪酬袋則是果；而且後者會與前者的效能成正比。要是少了像閣下這樣白手起家並令人景仰的人士也給予了建言，本書就無法臻至完整。因此，假如閣下願意提醒從事個人服務銷售業的人應牢記的最基本要點，分享看法，我將會在拙著中把閣下的話傳遞出去。這將確保您的叮嚀適得其所，為一群正拚命在滾滾紅塵中為自己尋找安身立命的勤奮人士帶來極大的助益。

我知道閣下十分忙碌，某某先生，但請您記得，只要請祕書記下您口述的看法寫成一封短信，閣下就可以將這個重要訊息傳遞給五十萬人之眾。以金錢上來看，閣下不會在意貼在信封上的兩分錢郵票，但假如以可能為其他不如閣下幸運的人帶來益處的角度來估算，讓很多願受教之人有緣看到閣下的觀點、相信它並受它引導，這個價值可能就在於成功與失敗的差別。

敬祝泰安

信的內容一樣，但結果大不同

第二封信帶著沉穩而明確的熱忱，至於其他內心對內心暗示的因素，我之後會再解釋更多。第二封信耍了點手段。兩封信都是寄給八到十個在世界上頗有成就非常忙碌的人，像是亨利．福特和美國當時的副總統湯瑪斯．馬歇爾（Thomas R. Marshall）等人。第一封信沒有得到回音。在搞懂寫第一封信時所犯下的錯誤後，**我寫的第二封信便得到了所有收件人的回音**。其中有些回音還稱得上是傑作，大幅超越我的預期，為我的書帶進了珍貴的加分內容。

這麼說吧，第一封信並非全然缺乏熱忱，但在哪裡才有出現？答案是只出現在我自身的利益上。有一點千真萬確，對於別人想得到幫忙的請託，一般人常常會同意。但更毋庸置疑的是，他們會同意是基於幫這個忙在某方面對自己有利，或者不管怎樣，就是對某些看起來值得拿到這種好處的第三方有利。

因此，假如我是透過郵件來賣抗磨損鞋（假如有這種鞋的話），我可能會寄封信給你，請你幫忙把我的一雙鞋穿個十天，看看它磨不磨得壞。你做這件事是由我來承擔風險，但你看得出來，假如你穿了十天這雙鞋卻磨不壞，那你就是**幫了自己一個忙**，找到了這麼棒的鞋子。或者在寫給家長時，我可能會請他幫我個忙，把某套百科全書帶回家三十天，看看書對小孩在校成績的神奇助益……而這其實是幫了第三方的忙。

現在來看第一封信的最後一段。「對於閣下費心惠賜的任何關照，在此先聊表謝意」？其中含有很明顯的意思是，寫信的人預期會遭到拒絕！既然如此，那為什麼不拒絕？寫信的人並沒有提出什麼讓大忙人特地來寫封信的理由。收件人的確看到了買書的人會欣見有機會爾爾的說法，但那根本沒有切中要害，何況還是埋在字堆裡。

整封信讓我想起了一位推銷員，他有一次希望我訂《週六晚郵報》(*Saturday Evening Post*)。他拿起了一份報紙說：「你不會幫忙我訂個《週六晚郵報》，對吧？」哦，我就是寫第一封信的人。起碼稱讚一下我後來有進步吧！

現在來看第二封信。注意第一段問了個問題，而且這個問題只能用一種方式來回答。還有，這個問題的問法為事情本身定了調。

讀信的人此時就被制約了。第二段則是要把他吸引住。裡面簡短提到了我和我的情況，但主要是為了接下來談到會讓他點頭並知道我把他的心聲給說出來的事。至於薪酬袋，即使他從來沒從因果的角度來想過，他也會覺得這點清楚而正確。

下一段可以說是語帶奉承，或者也可以說是句句實話。我去信的對象真的都是白手起家，並在社會上爬到顯赫的地位。點出這點後，我就使讀信的人在心理歷程上又跨前了一步，並直接轉進聽從我的請託。接著登場的是請託本身，但敘述的角度是讀信的人因為有那樣的資格，所以能提供服務給值得他幫助的第三方。

最後一段中巧妙隱藏了暗示說，對於花他兩分錢郵票的請託，讀信的人不能拒絕，尤其是當他拿自己來跟那些沒那麼幸運的人比較時。要是不回信就把它擱在一邊，很難不感到內疚。畢竟這是以**「有緣看到閣下的觀點、相信並受它引導」**的人為名義來拜託收信人。

這封信不但使我得到了寶貴的回音，而且除了一個人之外，我去信的對象都是親自回信。例外的是羅斯福總統，他是交由祕書代筆。約翰．沃納梅克和法蘭克．范德立寫了文情並茂的回信。威廉．詹寧斯．布萊恩(William Jennings Bryan)[1]和諾斯克里夫爵士(Lord Northcliffe)[2]寫的信都極好，其他的人也是。此外，這整群人中只有四個人認識我，所以他們絕大部分肯定不是為了取悅我而寫；他們是為了取悅自己而寫，並知道自己即將提供有價值的付出。

我在這裡要說的是，換作十個比較小家子氣的人可能會把我的信丟進廢紙簍。我認識真正的大人物都是以願意為他人提供服務著稱。那或許就是他們何以能成就偉大的原因。

推銷和自我暗示

你或許不從事推銷的行業，但你總是要**推銷自己**。

你或許不相信自己有任何理由要拿任何事來說服其他任何人，但你的成功和幸福有一大塊正是端賴於讓別人比較能接受你的想法。對自己的情況稍作分析，這點就會變得一目了然。

你或許看不出有任何理由要拿任何事來**說服自己**，但就是這種自我說服的過程造就了潛意識的「深深**相信**」，並使你得以掌握人生的至高祕訣。

這就是為什麼我在本章的一開始要談到熱忱。熱忱是強大的說服機制，無論是要說服他人還是自己。

熱忱常常等同於自動的自我暗示。熱忱不會「莫名其妙」而來，可是一旦出現，似乎就會完全主宰其他的一切。

1 美國政治家、演說家、名律師，參選過三次總統。

2 英國報業鉅子、《每日郵報》*(Daily Mail)* 創辦人，一次世界大戰時曾任駐美大使，並主持戰時宣傳。

我多年來都是在晚上寫作。寫了幾個小時後，我自然而然就會感到疲累。有一天晚上，我滿懷熱忱地在進行一件工作。過了一陣子，我望向窗外，注意到了紐約市麥迪遜廣場對面的大都會人壽公司（Metropolitan Life Insurance Company）大樓。我看到大樓上有一道奇怪的銀灰色反光。我以為是月光，但我從來沒有看過月亮反射出這麼奇怪的顏色。它並不是月亮的反射，而是太陽的！我的熱忱使我工作了一整晚而不覺疲憊。此外，同樣的熱忱又讓我從整個白天一直工作到接下來的夜晚，中途只有停下來吃了些簡單的餐點。後來等我的工作完成時，我就一如平日地感覺到疲累了。

熱忱是為身心的所有力量帶來活力的重大能量。讓熱忱成為任何自我暗示過程的一部分，以及你的一部分。

幫助其他內心與你的內心產生共鳴

我們談過了「內心的收音機」。我現在要談的東西或許相同，假如不同的話，肯定也很相近。它就是熱忱的感染力；以近乎神奇的力量把想法「推銷」給別人。

凡是對群眾講過話的人，有時都會察覺到自己正在「渾然忘我」。在一些神奇的時刻，講者的熱忱會抓住那個會場或大廳裡其他每個心靈，而且他在那些時刻所說的話會停駐在群眾的腦海中，讓他們帶著回家。

不管運用地多低調，熱忱都是任何推銷員不可或缺的工具。它為買賣雙方的內心帶進了融洽或和諧。它使推銷員能把需要這個產品的感覺傳達給買方，讓買方欣賞到它的價值，並願意為了讓人生更加充實幸福而掏出錢來。透過這個服務讓他看到了產品能為自己帶來什麼好處。

所說的內容當然很重要。不過，光是堆積詞藻並不能收效，除非這些話裡展現出堅信、相信、信念，以及傳遞出這一切的**熱忱精神**。

為了釐清這點，我們來看出現反效果時會發生什麼事。熱忱是完全正面的，但在傳達出負面的思想時會發生什麼事？

有一次我走進口授錄音機公司 (Dictaphone Company) 的辦公室去看一台口授錄音機。在那個沒有塑膠的年代，連他們的舊機型看起來都很好用。而對於銷售員指出，它對我的工作會有很大的幫助，我也頗為認同。不過我並沒有買。銷售員旁邊有個速記員正用老式的速記本把一封信抄寫下來！我頭也不回地就往門外走去。

或者假設你真的在賣任何產品，姑且稱之為小器具。你和客戶坐下來，口沫橫飛地向他說明，街尾某甲對你們公司的小器具有多滿意。客戶則反駁說，他有看到別家公司的小器具廣告，看起來比你們的產品更好。

在這個時候，你這個推銷員可能會忍不住「出言批評」別家公司的小器具。凡是受過我培訓的推銷員都知道，這麼做就錯了。你會造成客戶**負面思考**。你會使他對全部的小器具都心生反感。需要、想要、購買的心情變成了恐懼、排斥的心情；心靈對心靈的接觸也消失無蹤。

每次在對別人說話或寫信，並想要讓他順從你的意思時，就要記住以下的原則。**當我們經由暗示或自我暗示產生出意念時，它會分流為負面與正面兩類。**負面印象全都會一起存放在大腦的一個記憶庫裡，正面印象則是存放在另一個記憶庫裡。

現在假設你有一句話或一個表情傳進了另一個內心，並被判定為負面。它就會把負面的記憶庫門打開，並且很容易勾起每個性質相近的負面記憶，彷彿你只是拉起了鏈子上的一個環，但勢必會連帶牽扯到其他所有的扣環。

假設有陌生人拿支票跟你換現金。假如你從來沒有被退過票的經驗，你可能會毫不擔心這張支票是否能兌現。相反的，假如你因為不能兌現陌生人的支票而虧過錢，再次受託就會立刻把記憶庫裡所有的疑懼給引發出來。

這就是為什麼小小的負面字眼、小小的負面思考、甚至是**照理來說**不算是什麼的小小負面觀感（也許那個用筆記本的女孩只是剛被錄取，還沒有時間去學習口授錄音機）就足以把排擋桿直接推到負面的檔上。這就是為什麼凡是成功都要仰賴自身內在的正面觀點……並感染給別人。

熱忱是一種強大的情緒，自動確保你的觀點會很正面！

這是不是說，你絕對不能提到負面的事，連知道疾病、貧窮、意外、戰爭都絕對不能提呢？並不是這個意思。我們固然應該在一般的談話中避開負面的傾向；強調正面，順帶說出我們想要宣揚的事。但現實就是現實。遇到負面就面對它，並把出路給找出來！接著你對自己或別人的內心所說的話就會蘊含著服務精神，並為更好的人生指出方向。

或許最佳的例證就是最簡單的那個。有個依然很風行的舊廣告金句說：**頭痛嗎？來顆某某牌的阿斯匹靈**。承認負面的情勢，並立刻把通往正面、幸福的出路給找出來。最後幫我治好頭痛的不是我以前常吃的一大堆阿斯匹靈，而是內心的平靜，所以我不說出阿斯匹靈的廠牌。但對於這幾個字裡所蘊含從負面到正面的轉變，我想不出更好的說明了。要提的原則是：**有哪裡不對勁嗎？這樣做就可以把它搞定。**

好的推銷就是誠實的推銷

我所說的推銷是以「推銷」可轉化為現實的想法為出發點。

我回想起那個令人難忘的時刻，別人要我帶著疑心來看待我的新繼母，她卻抬起我的下巴昭告眾人，拿破崙・希爾不是個壞孩子，而是個聰明的孩子，只是內心需要引導。這些話裡面的誠實、堅信和溫柔的熱忱戳破了灌輸到我年幼內心裡的一切謊言。從那一刻起，我便想辦法去提升自己，一旦去尋找，我就找到了。

好的推銷就是誠實的推銷。沒有人有辦法透過思想或行動展現出跟自己相信的事不相符的東西，因為假如他這麼做，必須付出的代價就是會失去影響他人的能力。

我知道只有在說出肺腑之言時，才能說服群眾接受我的發言。

我曾有一度可能會賺到相當可觀的金錢，因為大家知道我不跟大企業或任何政治派系掛勾。有一個美國當時拒絕承認的拉丁美洲政府派了代表來找我，希望我去他們國家參訪，研究它的政經局勢，然後寫一系列建議美國接納他們的文章。

不過，我知道我無法以熱忱及堅信來寫這些文章。理由很簡單；我不相信這個目的。比起我用筆沾著渾濁的墨水所能賺到的錢，我更重視自己的正直。

把這段話仔細看一遍：**假如你讓自己的良心妥協，良心就會弱化。你的良心很快就會無法指引你，而且你永遠不會擁有奠基於內心平靜上的真正財富。**

當我這麼說的時候，我完全是在看重你是個大人，是個會用腦筋的聰明人。你可以看出來，這些格言，或是愛默生或其他偉大思想家寫得更出色的相同道理，不單是「勵志語錄」，更是人生的重要定律。**那些很管用。**

對於把意念從自己的內心傳達到別人的內心這件非常重要的事，我要多加一句格言：

你沒辦法靠口述、書寫或透過任何舉動向別人建議你自己都不相信的事。

這樣肯定是坦白到不行了。

你的熱忱聚焦在哪裡？

在訓練推銷員時，你會遇到好幾百個可能被描述為**「有推銷員潛力」**的人。他們首先令人稱道的就是熱忱。他們所說的一切都有力道。一舉一動、甚至是坐下來的舉動看起來都是源自某種內在的說服力。

我看到其中有些人後來十分成功，也看到有些人一再失敗而放棄。

如同愛默生所說：「我學到聖伯納 (St. Bernard) 的智慧是：『除了我自己，別人都害不了我；我所造成的損害則會跟著我走，而且除非是自己的過錯，否則我絕對吃不了大虧。』」

這些徒有熱忱的失敗人士所遇到的麻煩是，他們的熱忱滿分，其他的東西卻不及格。他們對生涯所造成的損害是出於自己的過錯，亦即沒有以清晰而誠實的知識、以願意多花一分工夫、以對自身以外的人衷心感興趣來支撐自己的熱忱。

我一再看到這樣的人在推銷產品，因為他們純粹是用性格中的驅力來讓顧客投降。他們會回到辦公室吹噓自己那天所賺到的錢，然後訂單卻遭到取消，或者推銷員原來是強迫根本買不起的人購買。假如推銷員有用心傾聽與去了解的話，這些都是顯而易見的事。

熱忱需要有個焦點。有焦點會使你拿得出熱忱以外的東西。

以誠實（及成功地）推銷產品或服務來說，焦點就在於**顧客的最大利益**。你是不是希望顧客從你內心所接受到的想法是，他必須擁有你的產品或服務，才能使人生更美好？非常好：

準備好回答他的問題。對你的產品或服務要從內認識到外。要知道客戶怎麼樣才能針對自身的需求來使用這個產品。（你可以滿懷熱忱地告訴他；但熱忱並不能取代資訊。）

假如你約了人，那就要準時到。要把顧客的時間當時間。（對於你為什麼會延誤，熱忱的說明並不是可以接受的說詞。）

假如你承諾了要給服務，就一定要為顧客做到。回頭客是最珍貴的顧客。

由於這不是講推銷術的書，所以我不打算給各位可以寫上好幾頁的清單。各位要明白的大原則就是：**熱忱需要有扎實的後盾**。

如何在應徵工作時聚焦你的熱忱

任何一個雇主都喜歡跟帶著熱忱來應徵的人對話。雇主知道，這樣的熱忱可以延續到此人的工作中，所以是無價的條件。

但要記得負面定律。等應徵過了幾十個職缺之後，一個人就會學到，當任何人只剩下熱忱拿得出來時，要說服自己去接下那種職缺並不妥當。

有一家大出版公司發現，如果要測試應徵者真正的工作意願，不妨拿時鐘給他看。這是在表明，準時開始工作絕不容打折扣。對那些把話說得太快的應徵者來說，這會有顯著的冷卻效果。

熱忱的確常使人得到工作機會、取得銀行信貸，或是使受到拜託的人覺得熱忱的背後帶點什麼而欣然同意。主考官或銀行的主管此時或許願意把一些正式的規定放鬆一點。不過，能聚焦的熱忱才是真的令人無法抗拒。我們來看一下，在應徵工作時要如何把熱忱聚焦。我們雖把這個過程應用到找工作上，但各位會發現，在許多方面也能適用。

針對你為什麼應該得到這份工作的理由，擬出詳細的書面說明。你或許還沒被要求寫出履歷，但書面說明會把資料聚焦在自己的內心裡。

說明你的教育程度。列出你念過的學校、修過的課，尤其要提到你在學校以外的地方所得到的教育，像是補習班等。詳述有哪種教育特別使你做好了準備勝任你所爭取的工作。

說明你的經歷。交代雇主的名字、任職的期間。有助於你在可能的新雇主眼中符合資格的經歷一定要提出來。

交代推薦人。在挑選時要謹慎。可能的話，推薦人要能把你擔任他「旗下」員工時的情況告訴新雇主。

說明你想要的工作。有時候在應徵大公司的工作時，不見得能得到想要的工作，因為他們更想補的是其他的職缺。你接不接受別的職務，可再另行判斷。不過在應徵時，還是要把熱忱聚焦在特定的工作上。

說明你應徵某項工作所具備的資格。當你聚焦在想要的工作上時，公司可能會因此把你想要的空缺給「生出來」，或是擴充員額來雇用你。

表現出你對新雇主的事業知之甚詳。不要用打聽的方式來做這件事，而要表現出對你對他「那行」的市場、供貨來源和顧客等有所了解。花一兩個小時把那行的雜誌讀一讀，圖書館就有這些資訊，你就能大有斬獲。

提議接受試用期。給這項提議是因為你確信自己能符合這個工作的資格，並確信只要有機會證明自己有那個能耐，就會獲得留任。（不管該公司有沒有要求試用期，這點都應寫進去，好讓它生根在你的內心裡。）

現在你可以準備去面試了，準備去展現日後會延續到工作裡的熱忱。我們來看看你還準備額外作出什麼表現，或者說假如你已遞出履歷的話，已經呈現出什麼。

你要展現出，新雇主所錄取的人有受過一定的教育。假如你還有補習，他就會知道你並沒有因為離開了學校就中斷進修。

你要展現出，自己「見多識廣」，並會從經驗中學到東西，而且是那種從他的角度看起來很有價值的經驗。

你要展現出，你知道自己要什麼，而這也強烈暗示了你專注到足以協助他得到他所要的東西。

你要展現出，你看生意和工作的眼光一樣好。這會使你被視為值得提拔的人選。

你要展現出，你對這份工作想要到甘願冒險以試用的資格錄取，而且當然對自己很有信心。

此時再明顯不過的是，你想要這份工作是為了賺錢，並增進人生中的其他富足。但除此之外，你也展現出了錄取你是符合新雇主的最大利益。別忘了這點。**你是從對方最大利益的角度來推銷自己**。回顧一下我們所提到的幾點，你就會看出那意義所在。**目的不是要看出「我是個多棒的人」，而是看出「我對你的貢獻會有多大」**。

加入熱忱是把你的話提升到不僅是話語的層次，變成「相信」你就是不二人選！

你可能會說，非常好，但我的書面或講得出來的履歷並沒有什麼可觀之處。我十三、四歲就沒上學了，從來沒上過補習班，只會彈吉他而已……諸如此類。你滿腦子都是自己沒料的負面感覺。

你有很多事好說，只要相信你有，把那面展現出來吧！

例如拿應徵特定工作的事來說，你或許無法證明，自己已具備得到那份工作所需要的技能；但你可以展現出，自己知道相關的工作要求的是什麼。你可以展現出，已經先了解了工作內容。當雇主向來雇用的人都是到了班才慢慢去搞清楚自己要幹嘛時，這就會對他產生不錯的吸引力。還有，當公司開辦訓練課程時，可以單刀直入地表示，有必要的話，你願意並渴望用自己的時間參加訓練課程。

就拿對「行業」產生概念的事來說，你不用去進修就能讀到專業雜誌。能「說內行話」則會讓人留下出奇的好印象。反正任何一個頭腦清楚的面試官，對於學校教育都會有所保留。撇開需要拿到特定學位的工作不談，他知道有很多高階工作都是由沒受過高等教育的人來擔任……這是指沒受過高等的正式教育。

拿提議適用期的事來說，讓面試官先看到你的「潛力」，這樣或許會逆轉勝。最好把它寫成白紙黑字！

我是不是沒提到要穿乾淨的襯衫、平整的西裝和擦亮的皮鞋這類的事？可不要像巴恩斯去跟愛迪生面談時那樣，所以不要忽略了這些細節。不過我向各位保證，當人在散發出光芒時，穿什麼衣著常常就沒人會注意了。

現在後退來宏觀一下！

在觀察畫家作畫時，你可能會發現，他不時就會後退來審視自己畫得怎麼樣。他需要宏觀的視野。

我還算詳細地叮囑各位要怎麼去應徵工作，對於「宏觀」則按下未表。現在就來談。後退（不是「倒退」，那是另外一回事！）來看自己應徵工作並獲得了錄取。這很好。但你為什麼想要這份工作？

這關係到十分要緊的宏觀，就跟畫家在開始作畫前可能會把畫的構圖先勾勒出來一樣要緊。

我說過，新雇主顯然知道，你想要工作是為了賺錢，並增進人生中的其他富足。為了這個目的，你會藉由服務他來服務自己。非常好；這份工作能促進你人生中別的利益嗎？

你可以看出，它跟我們在稍早之前所談過的首要目標脫不了關係。這份工作能促進你人生中的首要目標嗎？

還有：這份工作能幫助你實現自己，而成為能樂在工作、同時在工作中展現效能、有成就與能成功的人嗎？這些問題很重要。

有太多人都在做自己不喜歡的工作。對於為什麼非得做這樣的工作不可，或者為什麼要為了家庭因素而「卡」在一個工作上等等，他們會端出各種理由。可能會指向自己因而賺來的錢，指向這些錢所能買到種種令人眼花撩亂的消遣。可是他們卻無法誠實地指向內心的平靜，所以也無法誠實地指向成功。

人們的工時日益縮短，但凡是有工作的人還是會把很大一部分的人生花在工作上。假如那部分的人生變了質或不快樂，必然會對剩餘的時段造成不利的影響。無論如何，為什麼要白白讓人生任何一部分造成的你缺憾？工作可以是了不起的自我實現，只要你在投身前就加以審視，並看出它正確無誤。

接下工作前先進行這些步驟

決定自己到底想要哪種工作。這需要大量的自我分析，而且假如你沒有首要目標的話，對這件事就要非常注意。回顧一下本書。你希望活出自己的人生，關上所有不會使你受益的過往之門，活得沒有恐懼，贏得各種財富……這一切都要透過內心的力量，當然也要透過自己的努力。你就是「你」，而且有某種工作會把「你」表現出來，一如作家是透過寫作把自己表現出來，一如工匠是用手藝把自己表現出來。身在美國最棒的事就是，這裡提供了形形色色的職業讓老百姓自由選擇。經濟中的一切都有助於你找到想要的工作，而且假如某種工作剛好沒有，那就由你來創造。

選擇你想任職的公司或想追隨的老闆。可選擇的對象同樣有很多。公司的記錄一般都是眾所皆知，值得花點心思去了解。個人的記錄可能也是眾所皆知，或者可以由許多方面研判，或直接去認識此人。找出你可以合作的公司或個人。找出其中的機會和工作。

假如你想要任職的地方是自己創的公司，那就把同樣的審核標準用上！**研判你拿得出什麼**。這方面的徹底檢視可能會使漏洞浮現出來。你可能會先想要把洞補平，或者可能會無比公正地找出並直指可以用哪些方法來暫時彌補，直到能靠經驗把它補足為止。此時要把「工作」的概念拋開，全神貫注在你拿得出什麼對方想要的東西上。黃金律會幫助你。

把自己和自己的條件呈現在新雇主面前。前頭在談到我們決定後退來審視時，指的就是這個。了解你想要的工作、為了得到它所做的準備，以及得到這份工作並不是個別獨立的過程，它們會逐一回報給你宏觀又誠實的視野。當它們有熱忱在後面支持時，足以擋住其他人的阻礙就會一掃而空。

你對自己熱忱嗎？

熱忱會從一個內心蔓延至另一個內心，這也是我們一般看見它的運作方式。不過，**你有沒有試過對自己充滿熱忱？成為自己的後盾？**

從「自己」的身上倒走那步會很好玩，而且非常有啟發性，彷彿是走出自己的軀殼，然後看著那個稱為「你」的人。

如果你對那個人有熱忱，很好！就算你的熱忱只是因為他有作出明顯的承諾、他相信自己、他有意願努力，就算在成就方面暫時還看不出什麼進展，也很好！要跟他的頻率對一下。衡量一下他肯不肯付出。觀察他是否善用老天給他的力量。當你看出他是個可以賞識的人時，就為他歡呼一下！

假如你聽到他替自己找藉口，就對他搖搖手指。告訴他，我們對人生所展示的影像會被人生映照回來。你所拿的鏡子並不能自創它所反射的影像。

他了不了解？他明不明白他才是自己命運的主宰？

很好！為他歡呼一下！

這樣還行嗎？

成功不必解釋，失敗不容推託。

熱忱與行動

熱忱會催生認同與行動的幹勁，不管你推銷的是產品、服務還是自己。一封熱忱的信可以讓大人物撥出時間來幫忙，同樣的一番話，若說得不帶熱忱則得不到你想要的效果。可能的話，以第三方的名義請人幫忙，無論如何都要讓幫忙的人看到這事對自己的好處。熱忱讓你忙一大堆事都不覺得累。

負面與正面

負面記憶和正面記憶在內心裡都有個記憶庫。當你提出負面的思想或行動時，就會把負面的記憶庫打開，而且可能會失去所有的說服力。即使追加正面的說法來消除負面的感受，負面照樣會產生不好的結果。好的推銷就是誠實的推銷。假如你讓自己的良心妥協，良心就會弱化。它會不再指引你，使你得不到內心的平靜。

熱忱需要聚焦

有很多具有熱忱的人會失利是因為，他的熱忱沒有足夠的後盾。誠實有效的推銷的前提是必須具備相關知識來協助顧客，並有強烈的渴望為顧客服務。找工作的過程是「推銷自己」的理想示範。你必須在過程中展現出真的想要那份工作，願意做好準備來贏得那份工作，其中最重要的是，會一心一意關注新老闆的利益。

擴大眼界審視自己

人生的事必須以更宏觀的眼界來審視。包括在接下工作前加以評估，以及把它跟你的主要目標聯結在一起評估。人生有很大一部分是花在工作上，所以假如是適合你的工作，你就能樂在工作，並用工作來施展抱負。你也可以用客觀的眼光來看自己，看看你能不能感受到對「這個人」充滿熱忱。看看他需不需要警告，在必要時引導他，並以衷心的加油聲來鼓舞他。

16

想活出怎樣的人生，由你決定

黃金律若能全面應用，會使我們的經濟變得更好。當一個人經由幫助把想法化為實際的生意與生產事業時，每個人都會擁有更多的財富與幸福。大多數的人所相信的都是人造的神祇與人造的惡魔。然而一旦人生過得好，恐懼就沒有立足之地。你應信仰或追隨的造物主不是會把你呼來喚去，而是會讓身為人類的你可以靠自己的努力成功。至此，財富就會為你所有，內心的平靜同時也將為你所有。要記得，這種最了不起的財富只有擁有它的人才會知道。

「幫幫我找到內心的平靜。」富人說。

這是若干年前的事了。那時橫跨全美的旅行可不是在噴射機裡坐上六小時就可以辦到的事，但他還是橫跨了美國來找我談。「我擁有金錢所能買到的一切。」他說，「而且我活得夠久了才明白，錢買不到內心的平靜。請幫幫我找到心靜。」

本章有很大的篇幅是在談我們前頭討論過的事，我會以對談的形式來向各位說明。首先，我們探討的是本書所涵蓋的一切，所以我應該略過這個部分。接下來，我們則會延伸到多年來我一直最重視的案子上。

這既是個商業計畫，也是內心平靜的計畫。這個方案可以為成千上百萬的人帶來喜悅與富足，尤其是對需要幫助找到自己人生定位的人來說。這會和美國的經濟攜手並進，而不會是「為了創造就業率」的方案，因為這所提供的服務已被證明有其必要。它會有獲利，這項必備條件的優點到最後連在蘇聯都得到了認可。這會是商業計畫，而且更是個針對透過分享財富來創造財富的人性計畫。

奉獻者的工作

我對我的訪客說：「在我把計畫告訴你之前，我要把話說清楚，它需要靠想奉獻的人才能推動。此人要有大量的金錢、大量的時間和卓越的執行能力，因為要有這一切才能把想法化為現實。他必須是個去上班時不把努力能讓自己賺得到什麼放在心上的人。我說他必須要有大量的金錢是因為，他可能會虧掉一些錢。而且他還必須在心理上調適好來接受這個事實，不致於失去這個案子所能帶給他的內心平靜。」

「多告訴我一點。」這個加州人說。

「那好，我的構想就是一個全國性組織，叫做美國黃金律實業（The Golden Rule

Industries of America)。」

這名訪客一臉困惑的樣子。「黃金律要發揮在哪裡？」

「假設你身上的錢大概只夠糊口，或者甚至不夠糊口，但你有個很棒的事業構想想要發展。你會希望有人怎麼幫你？」

「我當然希望有人提供資金給我！」

「我所說的就是這個意思。美國黃金律實業要致力於找出有良好事業構想的人，替這些構想出資，幫助這些人開創事業。接著要輔以經營的建議，這可能會有必要。這個案子有關照到會造成企業失敗的兩大因素：缺乏資金和經營不善。對於想要成功但無法自行滿足這些條件的好人，要幫他們滿足這些需求。」

我的訪客一臉若有所思的樣子。「這種案例隨便找就會有成千上萬個。」

「我相信是如此。我就舉幾件我知道已發生過的來告訴你。」

「有個年輕女子對設計很有一套，她想要設計與製造能透過零售系統販賣的女裝。黃金律實業可以幫她創業，確保她正確起步，並看著她成長。最後她就會雇用好幾百人。切記，她和其他每個得到黃金律實業援助資金和經營建議的人都會是把黃金律應用到別人身上的人，尤其是員工。黃金律也具有這層意義。」

「我懂了。」

「有個技師打造了一款可以賣一千美元的汽車，用一加侖油可以跑五十英里，可以載三個人，很適合小家庭，而且設計十分簡約，所以維修費很低。黃金律實業可以幫這個人開家小公司，並讓他隨著事業步上軌道而逐步擴張。整個汽車業無疑會推出更好、價格更低的車子來應戰。」

「有一名優秀的中學生所做的模型飛機好極了。他想要把技能發展為全國性的事業，並雇用其他中學生在放學後來當他的員工。黃金律實業可以幫助這個年輕人和他的朋友來發展創業。」

「那會是邁向有成就的人生很不錯的起點！」我的訪客讚歎道。

「那當然。我還想到了某個窮苦的農人。我很同情貧農。這個人想要引進某種目前正在非洲種植很多的纖維植物來種植，適合種在我們的南方各州。這件事的前途無庸置疑，黃金律實業可以為此人提供他所需要的土地、機具和員工。」

「有個年輕作家以田納西的山間生活為題材，寫了本非常出色的小說。他沒有能力出版，但黃金律實業可以替他接手後續，甚至在必要時出資協助他出版。」

「有個年輕的速記小姐發明了一種椅子，它的設計是可隨著身體動作而前後移動，並且會自我調整來配合背部的彎曲度。這是個很棒的構想。這種椅子會減輕疲勞感、改善工作效率，應該會有廣大的市場。對黃金律實業來說，這會是很有賺頭的買賣。」

「這些構想是打哪來的？」我的訪客想要知道。

「有很多都是我幫客戶處理過的案例。在我努力幫助別人自立時，我才得知有很多人的構想很棒、能力很強，只是欠缺資金和妥善的經營建議讓事業起步。現在我就告訴你一個相當特別的地方，可以讓黃金律實業做出數不清的好事。」

「每個監獄裡都有很多受過良好教育的人，他們有能力開商業和一般教育課程來造福其他獄友。這可以為這些受刑人先做好準備，以便他們在出獄後能夠去過殷實而有貢獻度的生活。有一群生意人在俄亥俄州立監獄試辦了這項計畫，而且成效卓著。國際函授學校 (International Correspondence Schools) 捐助了價值超過三萬五千美元的教科書。這個案子可以擴大進行，受惠的將是整個社會。我本身也借用了這種構想，正在很多監獄裡創造更生人的奇蹟。」

「有個技師打造了一款由鋁製部件所構成的組合屋。任何一個正常人加上幾位幫手，花一天的時間就能組好牆面和屋頂，並開始和家人住進房子裡，他還可以一邊完成內裝。市面上有類似的房子，但這一款在拆卸時也和組裝時一樣容易，所以在搬家時，組件也不會受損。」

「這個構想有賺頭。」這位加州人說。

「是，我有另外幾個構想同樣有賺頭。儘管受到既得利益者阻撓，但其中有很多只需要有個方法起步。既得利益者只看到自己的事業地盤受到了威脅，卻沒能看到那對整體經濟的好處。現在我們先從事業點子堆裡跳脫出來，看看黃金律實業的運行方針。」

「黃金律實業應該要有的發展目標是，他所支持的公司能一面運作，一面用利潤本身來支付經營所需。因此，我會把利潤分享的觀念納進來。每家公司都要繳交一〇%的淨利給實業，這個金額的半數將做為實業的資金和本身經營之用。另外的五%將用來償付原始的投資。等原始投資全部付清時，每家公司此後的淨利則要繳交五%給實業，以換得經營上的輔導和其他可能的必要服務。」

「你可以看出來，這項計畫所創造出的循環式基金可以一用再用，以幫助愈來愈多的企業起步。但沒有一家公司會被實業綁住一輩子。等到把資本額還清，它就能脫離實業。我們並不想成為一家壟斷的實業。但我十分確信，即使離開了實業，那些公司也會繼續根據黃金律把創造出來的財富跟自己的員工分享，因為屆時將會一目了然，那就是讓企業和員工共存共榮的方式。」

我的訪客原先愁眉苦臉地來到我的辦公室。此時他渾身是勁，看上去年輕了十歲。「這太好了！」他驚歎道，「我可以預見會有一家接一家公司想要加入來共襄盛舉。哇，對於罷工和其他的勞資糾紛的解套，這是我所聽過最好的方法。」

「我相信那會在極欠缺這些原則的地方帶進和諧與內心的平靜。」我說，「而且這會帶來無比重要的自尊自重，使人有機會昂首站立，而不會依賴社會救助來占大眾便宜。這項計畫會對整體經濟產生橫掃千軍的影響。」

「還有，黃金律實業應該要自己經營廣播電台和電視台。裡面沒有廣告。所有的播放時段都是專門用來把創出個人成就的一切要點傳授給民眾，就在他們自己的家裡聽講。民眾到最後會發現，**成功是內心的事，人人都必須在自己的心裡打造成就，而不是等著機會從天而降**。我們會有一個不需藉助某種『主義』來做到這一點的國家，國民會努力工作來創造財富，並對自己能分到不少財富有十足的把握，因而開心不已。」

「哇塞，天啊！」我的訪客插話說，「你說的是千禧盛世。」

「不。」我說，「我所提出的是很務實的計畫，可以拯救這個國家不被貪婪之徒搞垮。對於分享財富有何必要性與優點，這些貪婪的人還沒有看出來。」

「在改善我們這個大家園方面，黃金律實業所要做的不只是產業的轉型。它還要開辦學校，好訓練人才來擔任公職，從捕狗大隊到總統無所不包。我希望這所學校最終達到的狀態就像是，確保選民在選擇公僕時是選賢與能，而不是因為那些人善於掏錢來左右選票。」

「阿門，阿門！」我的訪客說。

「連同這所政經學校，還要有公民委員會，這些委員要有能力審核所有的公職候選人，並為他們評分。人民就能再次完全掌握政府。」

「太好了！可是你不覺得你的計畫會同時遇到來自企業與政府方面的諸多阻力嗎？畢竟你斷絕了很多誘人的自肥機會。」

「我有預期會遭到阻撓。」我回答說，「有阻力是健康的環境，它會逼得你去證明自己的計畫完善，或是發現到缺失。我預計得要一邊進行，一邊調整。」

「黃金律實業的其他特性可能會遭遇到更大的阻力。實業集中採購的能力會強到使只以賺錢為念的人發出哀號。當我們幫助會員讓他們有能力買下自住的房子，我相信這應該不難做到而且很應當，就會抨擊到**社會主義**。」

「當我們設法幫助實業的會員以及他們的員工以最佳的性價比得到諸如醫師、牙醫、律師、甚至美容師的服務時，受抨擊的程度就會逐漸升高。不過到頭來，大家都會肯定這計畫代表了民主是以最高效率在運作。希望待人如己的人全都會舉雙手贊成這項為**生活**大大加分的計畫。我們的優勢則在於一點，這種人遠遠多過了想要占便宜和剝削別人的人。」

我的訪客思索了片刻，「這要從找出有好生意點子的人，並一起付諸行動做起。」

「沒錯。它會把人心內的可貴信念帶成現實世界中的可貴成就。這個過程在世界上出現得愈多，我們就能將世界打造得愈好。」

我的訪客坐了一會兒。最後他起身放了幾張大鈔在我的桌上。

「為了報答你對我的幫助，我希望你收下這份謝禮。我會以嶄新和比我過去所知更好的人生哲學火速採取行動。我不曉得自己是不是那個以金錢、時間、哲學和生意經驗來開創黃金律實業的人，但我現在已了解到，當人互相合作來生產財貨與勞務時，人生會是什麼景象。我也了解到，為什麼我賺了錢卻完全找不到內心的平靜。我知道我的人生中少了什麼，也覺得比較舒坦了，希爾博士。真的，我這麼多年來從來沒有這麼感覺良好過。你對我的幫助比幾個醫生所能做到的醫治還更多。」

我的訪客再也沒有回來過。黃金律實業仍然一直是個夢想，但在某種程度上，我看到它逐漸成真。我們的經濟變得愈來愈不像企業海盜的狩獵場。我只有偶會看到合作的滋生，但我的確看到了那股分享財富的巨大浪潮，會讓美國保持作為世界強國的就是靠這類奠基在黃金律上的哲學，而不是對不勞而獲的人濫發政府救濟品的措施。

內心的平靜 V.S. 人造的神祇與人造的惡魔

我們就要來到本書的尾聲了。各位現在了解到，堅定與自由的信念所產生的力量是伴隨著不受束縛的內心而來。這股力量會把人心所相信的事變成人心所能實現的事，而被恐懼和誤導所包圍的人則很少能找到它。

還是會有一些例外。你可以看到有些生意人在賺錢時傷害到別人，卻還是能賺得到錢，但這種情形已遠不及五十年前那麼普遍了。

你在其他地方也看得到例外。遺憾的是，人心會去相信人造的偶象，並把那些當成偉大的真理道路。這種信仰會在本身的教義上定義所謂的成就，比方說所謂的宗教這種大型社團所敦促的成就。他們教導教徒說，假如你不相信某些事，就會下地獄受罪。

我在此寫下的內容是為堅強的人所寫。這些人明白，就連人們最看重的信念都有可能出錯，如果那阻礙人類性靈發展的話。他們聲稱是要培養人的性靈，但培養的成效就像在兩道高牆之間的窄巷裡走了一輩子的人所培養出的世界觀那樣。

無論此刻你有什麼感受，對於造物主讓你能掌控自己的思想力量，而且除非你自願，否則任何人都剝奪不了你的這項特權，這事一定讓你覺得挺神奇的。

在我研究個人成就根源的數十年當中，曾看過一本書叫做《神祇總覽》(*Catalogue of the Gods*)。這本書逐一簡介了人類從文明開始以來所膜拜的**三萬種**人造神祇。對，**就是三萬種**。

這些聖神包羅萬象，從普通的蚯蚓到溫暖地球的太陽都有。其中包含了幾乎各種在這兩端之間所能想到的物體，像是魚、蛇、虎、牛、鳥、河、海和男性的陽具。是誰把這些東西變成了神？就是人嘛。哪些才是真神？隨便去問個正在膜拜的人，他就會告訴你答案。到最後，你所得到的回答清單上會有三萬個真神，而且每個都一樣真。

假如我著手去描寫可以擺在那三萬種神祇腳跟前的人類慘況（假如祂們有腳的話），以及祂們在人的內心裡所引發的恐懼、悲慘和失敗，我可能需要不只一輩子的時間才能把這件事做到好。

只要一個人開始看見造物主而不是神祇，並把這位造物主跟世俗偶像的任何牽連都給切斷時，便是為自己往前邁出了一大步。古希伯來人為人類代勞了這件事。（有一位埃及國王似乎比他們早了幾世紀就得到同樣的結論，但卻遭到祭司的毒手而英年早逝。）

但我們對這種信念做了什麼？我自己的例子是我所知最好的例子。在家父把那位拯救了我的女性娶進門之前，我所成長的家都籠罩在恐懼之中。我的家族捐錢所支持的組織專門在維持那種恐懼，組織的名字叫做原初派浸禮教友會（Hard-shell Baptists）。牧師一個月可能只會來我們社區一次，但一到了那個時候，我就要被迫去聽四、五個鐘頭的傳道。我們受到了地獄正等著用烈火和硫磺來伺候我們的景象所威嚇，有時我還聞得到東西的燒焦味。

在我七、八歲的時候，有天晚上我夢到自己在地獄裡被鍊在鐵柱上。身上幾乎蓋滿了厚厚一層硫磺。此時撒旦出現了，他舞動著尾巴，帶著奸笑把硫磺點上火。我尖叫著醒來。人不需要學過正規的心理學也知道，這對任何一個小孩可都沒有好處。可是當我想跟那個傳播恐怖夢魘的教會保持距離時，卻受到了無情的打壓。

我所知道的造物主

有一天，我在無意中聽到繼母對家父說：「不論是在這個或其他任何一個世界上，唯一真正存在的惡魔就是以製造惡魔為業的人。」我立刻就認同了這句話，並且永誌不忘。

我煞費苦心在本書中提到了一件事，就是家父的禱告似乎把超越醫藥以外的療癒力量聚合了起來，在我得傷寒時救了我一命。當時他抱持的是信念，而不是恐懼。

我既不認為自己有任何的事好恐懼，也不認為任何人有足夠的知識能告訴我統治宇宙的主宰的任何明確描述。

雖然近來神學家逐漸變得小心翼翼，但他們可能會說：「上帝所居住的天堂就在上面的某個地方，所有被祂接納的子民在脫離世俗的軀體後都會去那裡，並齊聚在祂的身邊。」

科學家可能會說：「我把望遠鏡對準了外太空的四面八方。我觀測太空的距離相當於成千上百萬光年，但絲毫看不出有任何東西像是天堂的跡象。」

我所知道的造物主並非以光年或其他任何距離與我分隔兩地。我所看到祂存在的證據就在於這個地球的每根草、每朵花、每棵樹、每種生物上，就在於高掛在遙遠太空中恆星與行星的排列上，就在於物質元素的電子與質子上，以及最特別的，就在人身心內的神奇運行上。

假如你寧願說成是無窮智慧的力量或存在而不接受造物主的說法，那也一樣。它就在那裡。它會受我們的膜拜所影響嗎？我懷疑。我們能不能有時候把自己調整一下頻率，以接收來自宇宙振動的幫助？我相信，這點幾乎肯定是沒問題。

我甚至無意去猜測宇宙背後的全盤目的或計畫。就我的理解，除了來到這個世界上短暫生活後離開，它對人就沒有什麼計畫了。人在活著的時候，有機會讓自己和同胞成為更好的人，或許是幫助人類進化，就如杜奈所說的一樣。但人生的最終目的為何呢？我想沒有任何人比我更了解這點，而我對它則是一無所知。

你的偉大就在此時此地，你的幸福就在此時此地

以下是一些會帶來內心平靜的因素，這些也能幫助你致富，但我們暫時先擱在一邊不強調。這些是內心平靜的因素，仔細看一遍。**要注意的是，各位也有從其他的來源聽說過。**

你必須體認到，你的良心會指引你；和良心好好共處，它就會好好指引你。

你必須掌握自己的內心，靠自己來獨立思考，活出自己的人生。

你必須全力活出自己的人生，以免忍不住去干涉別人的人生。

你必須學會為人生移除不必要的障礙，物質與心靈上皆然。

你必須在自己的家裡建立和諧，並和一起工作的人和諧相處。

你必須和別人分享福氣，並且是發自內心這麼做。

你必須把人生的現實狀況如實看清，而不是抱持僥倖心態，要翔實評估。
你必須幫助別人找到並培養出自己的力量，使他們變成自己想要的樣子。

話說這些贏得內心平靜的方式並不是我發明的，這些老早就為人所知了。這些道理是經過驗證，貼切、有用又歷久彌新。假如我有讓各位更明白這些方式，假如我給了各位的應用方式更實際，那倒也不錯；但這些背後的智慧則是經由人類的智慧匯集而成。

所以各位以前就聽過這些幫助內心平靜的因素，或許你所聽到的是「**幫助自己上天堂的方式**」，那樣的信念只會讓你走進死胡同。我告訴各位的這些則是代表「經由嘗試為真的方法，**有助於各位此時此地，在這個地球上活出更健康、更富有、更美好的人生**」。這樣還不足夠嗎？

人生中的造物主

各位已看到，我並不否認的觀念是，造物主是永恆與無所不在的智慧或宇宙力量。但在多年前我所接受的造物主並沒有要我畏懼祂；祂也沒有透過特定宗教的介入才現身在我面前。

我的造物主在把我塑造成人時，就把祂最大的福份賜給了我。祂給了我在善惡之間選擇的力量，並使我的概念可以擴及世上所有的事務和祂所有子民。祂讓我自由地在世上學習到，我的善行會得到好報，我的惡行則會依照它的性質毫不留情地招致懲罰。祂賜給我的內心超越了其他任何由祂所創造的心靈，而且祂讓我自主地運用我的內心，因為只有人類才懂得運用內心的力量。

我可以禱告，以建設性的禱告，而不是為了乞求特定的恩惠。我可以找到信念來大大增進我的力量。但我一直都知道，我是自己命運的主宰，我是自己靈魂的統帥，因為我的造物主就是把我塑造成這個樣子，所以我不必三天兩頭就請祂給予指引。**你有沒有注意過，一天到晚在禱告的人把很多的工夫花在等待回應上？**我相信禱告會傳遞到宇宙間；但我相信有很多禱告是停駐在禱告的人心中，並強化了他身為人類的才能好展現出來。

造物主的作用是幫助你更成功地做好自己的主宰

造物主把你塑造成能自己思考、做自己、相信自己想要達成的事，並勇往直前的物種！做不到這些，你就不可能把光輝的人性發揮到極致而實現自我。

人的內心充滿了有待運用、不容小覷的力量。這些力量、這些福份要是不用，不把運用那些的好處與他人分享，你就會因為沒有實現自我而遭到懲罰。

假如你需要房子，知道要怎麼蓋房子，有需要的一切材料，有地可以蓋，但卻無心蓋房子，那等你餐風露宿時，就會明白自己的懲罰了。

有太多的人並沒有運用自己的力量來匯集唾手可得的財富與內心平靜，於是就被貧窮、悲慘、憂慮和不健康所懲罰。我們什麼人都怪，就是沒有怪自己。

凡人心所能相信的事，人心就能實現。

相信貧窮，你就會窮。

相信財富，你就會富。

相信愛情，你就會有愛。

相信健康，你就會健康。

各位已明白這些話背後的精神。不妨把本書再看一遍，以加深自己的理解。沒有一本書能讓人看第一遍就得到它所蘊含的財富。和這本書成為朋友，再看一遍，擺個一陣子，再把它拿出來多看一遍，你就會看出很多言外之意，以及很多對你適用的地方。

我分享給各位的可能只是白紙黑字，也可能是偉大的財富和滿足，端視各位怎麼運用。我很高興我強迫不了各位去運用我所傳授的知識。我很開心各位要靠自己來改善人生。

我現在沒有什麼冠冕堂皇的話送給你。

記住：假如你夠渴望的話，世上的好東西沒有一樣是你得不到的。

同時記住：在你賺了大錢之後，無論別人會怎麼看待你的財產……無論他們會多尊敬你的地位、影響力和才幹……無論他們會多欽佩你的慷慨、仁慈、願意待人如己……你自己才是唯一能握有並享受內心平靜這項至高寶藏的人。

珍惜你的憧憬與夢想。那些是你靈魂的小孩，也是你最終成就的藍圖。

16 心靜致富心法總結

認識自己的內心，活出自己的人生

你可以把人生變成自己想要的樣子，但那必須是你自己的人生。所有的人都會對彼此造成深遠的影響，但由你化為堅定現實的夢想才是「你的」夢想。把你對別人的影響展現在幫助他們認清自己的力量來找到自己的崇高命運上。為具體的成就訂出期限會大有助於你達成目標，且能排除任何阻礙。回頭去讀一讀要怎麼在內心裡把精神防禦建立起來，好讓自己持續保有自身的思想，並與偉大的力量相通。

關上過往之門

過往只是讓人找出，它教會了你什麼。有很多偉人都有過失敗的過去，但他們從未受到舊時錯誤的精神鎖鏈所羈絆。我們需要財富是為了內心的平靜，因為受到貧窮打擊的人也會受到不安和憂慮所苦；可是當財富的虛飾本身變成了目的時，它就會奪走你的平靜。能建立未來的工作是你最要看重的工作。從哪裡起步，一點都比不上要去哪裡重要。就從多花一分工夫做起。回頭去讀一讀，多花一分工夫是什麼意思。

創造財富成就與內心平靜的基本心態

你的內心一定要對人生說「是」。正面的心態會讓內心保持在目標上，並指出通往目標的道路。我們是受到九種基本動機所支配，其中有七種跟內心的平靜息息相關。當你不受不誠實所誘惑時，你為內心的平靜所做的事比任何的金錢都要有用，而且你會養成保持正面情緒的習慣，使它根植在你所做的每件事情上。正面的心態經常是「天才」內心力量的祕訣。回頭去讀一讀，要怎麼請出十位指引天使把負面的影響趕出你的內心。

免於恐懼就能活得自由

恐懼有如逆向的禱告，是訴諸會傷害我們的負面力量，而不是會幫助與支撐我們的正面力量。恐懼貧窮就會造成貧窮；恐懼批評則會削弱進取心。要讓自己免於恐懼磨難，記住每個磨難都埋著同等或更大福氣的種子。在危險的情況下理當要小心行事，但若是去探究恐懼，你就會發現它必然是自找來的人造惡魔。你的自信心是美好生活不可或缺的成分。回頭去看看完整的恐懼清單，假如你的內心放任它，它就會形成相應的有害現實。

你要操控金錢，還是被金錢操控？

太急於追逐金錢可能會使你失去內心的平靜。激起大水花的人可能就是心靈落水的人。「足夠」的金錢是個相對的數目。當你覺得自己對於足以得到充分的舒適與安全感，以及獲得一些奢侈品就能感到滿足時，你往往會得到更多。工作是人的必需品，任何人不工作就有錢拿，等於是被剝奪了與生俱來的自恃，像很多富二代就是如此。你所賺的錢應該要留一些在身邊，因為節儉會帶來許多好處，除了有錢在銀行裡以外。回頭去讀一讀可以讓你賺取收入並能應用在幾乎任何情況下的基本步驟。

分享財富的幸福藝術

分享財富會創造出更多的財富。你對別人所伸出的援手可能會回報你好幾倍。現今的百萬富豪深知，當財富分配出去時，它就會創造出機會。不滿的員工學了個人成功學之後，便成了滿足而有抱負的員工。當你在自己的家裡分享財富時，就會在人生最重要的地方創造出內心的平靜。有人說過，愛、性跟金錢這三種基本動機統治了世界。當你實際去分享，你就永遠不必問：「我有什麼財富可以分享？」回頭去讀一讀分享的基本方法；它就是通往財富的道路。

如何培養健全的自我

自我是指「人想自己做主的傾向」。它能超越許多障礙，甚至能讓看起來像個流浪漢的人也大有斬獲。問自己幾個跟小時候有關的問題，你或許就會發現是什麼傷害了自我，並能克服這個很久以前的影響。健全的自我會使你更能接納從五官所知力量以外的領域來指引你的影響力。業務員是透過自我來銷售。當自我強大時，就會把成功吸引過來。當自我虛弱時，則可以強化。回頭去讀一讀人是怎麼找出自己的自我激勵之道，並學習要怎麼找出自己的方式。

如何將性慾轉化為成就的動能

跟其他的哺乳類動物不同的是，人的性驅力一直都在身上。這股驅力可以浪費掉，也可以轉化為耀眼的能量並展現在你所做的每件事情上。性能量跟自我一樣，可以幫助你超越外表。有很多人把能量用錯了方向，但等到他走對路時，就會展現出成就奇蹟。你可以確保自己是性驅力的受益者，而不是受害者。性能量可以激發出潛意識的能力，從已知的事實中去建構新的模式，進而帶來新發明與新機會。回頭去讀一讀經驗和本能之間的關係，看看本能可以為你做些什麼。

人生要成功，先成功做自己

人生中沒有一件事大過於做自己。有很多人因為被收買而放棄去做能實現自己的工作，結果發了財卻得不到內心平靜。你可以幫助他人而不干涉到他們對自己的掌握；不要指望會有其他任何人符合你的「完美」定義。勵行自持，並以此為手段來做最好的自己，你就不會得到憤怒和憎恨的結果。你的內心是你唯一的主宰。一定要完全照你想過的方式活出自己的人生；每天都要有一些時間只做自己開心的事。要耐心尋找內心的平靜；這個偉大的特質要靠經年累月的進步來建立。回頭去讀一讀可以讓你勵行做自己的明確與有力的方式。

建立自己的智囊團：超越科學的力量

其他的內心裡有許許多多的知識可以轉移到你的內心。你可以「接通」與你契合的內心，使自己的內心力量倍增。對於人的內心為什麼能和別的內心溝通，現代的發現呼應了舊有的理論。而且有朝一日，我們或許就能讓不同的內心相通，就跟現今接收廣播電台一樣。當你透過別人的雙眼看到自己的問題時，往往就會看到問題的解決之道。找志同道合的朋友組成智囊團，大夥兒都能從有聲和無聲的思想交流中得到好處。回頭去讀一讀成功又有益的智囊團所要遵循的規則。

從不朽的補償律中獲得強大助力

對於想要醒悟和財富的人來說，愛默生談補償的文章非讀不可。當你付出時，補償律所保證的報償就會回到你身上，雖然時間可能會很長。任何的惡行則會使你受到懲罰的補償。看不見的沉默力量不斷在影響我們。當你了解了補償律，羨慕別人和占別人便宜的傾向就會消失。哲學有時候是「不食人間煙火」，但也可以務實而正面。真正的哲學家不會受到外在干擾與會挫敗他人的事所影響。回頭去讀一讀每句引述自愛默生的話。

你非常重要，但轉眼即過

沒有人光靠自己的努力就能成功。妄自尊大會損及良心，但對自己進行真正的審視則有助於內心平靜。到頭來，一切都無足輕重。不過，這個世界在當下卻是舉足輕重，而且在你離開這個世界之前，帳簿就會結清。在人生叢林裡，存在看不見的守護者。有個偉大的智慧寶庫被保存下來造福人類，而打敗人類敵人的人將能平安無恙地穿越叢林，並準備往下一步邁進。你的人生經驗可以而且應該使你有資格享有財富與內心的平靜，並與他人分享。回頭去讀一讀人類敵人的清單，並看看自己目前遇到了多少。

不要攫取太多，也不要甘於太少

財富屬於能看出及運用財富潛力的人。在財富到手前，你周遭的潛力都不算是財富。攫取財富可能會使你失去那些財富。不要限制付出，對獲得才須如此。遠在耶穌時代的古老黃金律一直是真正的指引。為別人付出他所需要的東西，你就是善用了黃金律。當人從來不讓黃金律進入他的人生時，你就能察覺到這對性格的影響。人所提供的服務通常都和他所得到的報酬等值，人就是有辦法替自己標價。因為黃金律是不容欺騙的。回頭去讀一讀並記住黃金律真正有效的形式。

相信的神奇力量

凡人心所能相信的事，人心就能實現；這就是至高祕訣。但願是發生在內心的表面；真正的相信則會變成你的一部分。把你想要的信念確定下來，送進潛意識裡，此後潛意識就會要你務必照著你所相信的去做。對於相信的力量，沒有人知道極限在哪裡。它甚至會影響到體內的生理變化。人的內心如今正在改造人性和人所居住的世界。你可以運用自己身為人類的每一分力量來參與這個重大的過程。回頭去讀一讀要怎麼透過自我暗示的本領，把相信植入潛意識。

熱忱能成就一切

說的話要是缺乏熱忱，就得不到你想要的結果。同一件事要是帶著熱忱來說，則會贏得百分之百的成就。熱忱有助於推銷任何東西，但並不能彌補缺乏誠實，以及真正關切顧客的最大利益。熱忱會開啟巨大的能量寶庫。任何負面的思想或行動都會干擾到推銷的過程，但負面意識也能轉化為正面意識。要把熱忱聚焦在目標上，並知道假如目標不誠實，你就感受不到且運用不了熱忱的魔力。要以寬廣的視野審視你自己，看看自己是不是由衷具備熱忱的人。回頭去讀一讀能讓你得到夢想工作的準則。

想活出怎樣的人生，由你決定

有個找不到內心平靜的有錢人想到了經營事業的辦法，使成千上百萬人能得到內心平靜以及財富。那就是把黃金律應用在我們的經濟中。許多人在受教養時所依循的規則是要我們活在恐懼中，並相信必須對造物主唯命是從。人造出了三萬種神祇，祂們有可能全是真的嗎？追求內心平靜的一些準則聽起來或許像是為了上天堂而學習的準則，但所指的是此時此地的幸福，你可以為自己爭取到的幸福。人的內心充滿了有待運用、不容忽視的力量。

思考一下，看看你對本書哪個部分印象最深刻。回頭再非常仔細地讀一讀那個部分。你已把它留在了潛意識裡；其中一定有段話對你特別重要。

國家圖書館出版品預行編目資料

心靜致富：吸引財富最強大的力量，從困境到夢想成真的祕徑 / 拿破崙．希爾 (Napoleon Hill) 著；戴至中譯 —— 初版.
—— 新北市：李茲文化, 2014. 01
面；公分
譯自：Grow Rich! With Peace of Mind

ISBN 978-986-90086-1-7（平裝）

1. 成功法

177.2 102024731

心靜致富：

吸引財富最強大的力量，從困境到夢想成真的祕徑

作　　者：拿破崙．希爾 (Napoleon Hill)
譯　　者：戴至中
主　　編：陳家仁、莊碧娟
責任編輯：莊碧娟
總 編 輯：吳玟琪

出　　版：李茲文化有限公司
電　　話：+(886) 2 86672245
傳　　真：+(886) 2 86672243
E-Mail: contact@leeds-global.com.tw
網　　站：http://www.leeds-global.com.tw/
郵寄地址：23199 新店郵局第 9-53 號信箱
P. O. Box 9-53 Sindian, Taipei County 23199 Taiwan (R. O. C.)

定　　價：340 元
出版日期：2014 年 1 月 1 日　初版
2024 年 7 月 5 日　十五刷

總 經 銷：創智文化有限公司
地　　址：新北市土城區忠承路 89 號 6 樓
電　　話：(02) 2268-3489
傳　　真：(02) 2269-6560
網　　站：www.booknews.com.tw

Change & Transform

想改變世界・先改變自己

Change & Transform

想 改 變 世 界 · 先 改 變 自 己